金源金石录

JINYUAN JINSHILU

聂保昌◎编著

黑龙江人民出版社

图书在版编目(CIP)数据

金源金石录 / 聂保昌 编著. —哈尔滨:黑龙江人民
出版社,2017.7
ISBN 978 – 7 – 207 – 11078 – 7

Ⅰ.①金… Ⅱ.①聂… Ⅲ.①金石—研究—中国
—金代 Ⅳ.①K877.24

中国版本图书馆 CIP 数据核字(2017)第 173345 号

责任编辑：姚虹云
装帧设计：张　涛

金源金石录
JINYUAN JINSHILU
聂保昌　编著

出版发行　黑龙江人民出版社
地　　址　哈尔滨市南岗区宣庆小区 1 号楼
邮　　编　150008
电子邮箱　hljrmcbs@ yeah. net
网　　址　www. longpress. com
印　　刷　黑龙江艺德印刷有限公司
开　　本　787×1092 毫米　　　　1/16
印　　张　13
字　　数　310 千字
版　　次　2017 年 11 月第 1 版　2017 年 11 月第 1 次印刷
书　　号　ISBN 978 – 7 – 207 – 11078 – 7
定　　价　180.00 元
(如发现本书有印刷质量问题,印刷厂负责调换)
本社常年法律顾问:北京市大成律师事务所哈尔滨分所律师赵学利、赵景波

聂保昌，1940年6月生，山东茌平人，中国民间文艺家协会会员、黑龙江省民间文艺家协会会员、黑龙江省钱币学会会员；1995年，联合国教科文组织及中国民间文艺家协会共同授予"中国民间工艺美术家"称号；主要成果有根艺作品《十二生肖》《欣欣向荣》《龙凤呈祥》及根艺书法等数百件，天然木纹艺术作品有《苍莽》《秋》《荷塘》等百余件。1994年，根艺作品《欣欣向荣》等十余件（套）艺术品参加黑龙江省首届民间艺术品大展，并获得多项奖励。根艺作品《蚱蜢》等曾在《生活报》《新晚报》等省市级报刊发表，并在黑龙江电视台、哈尔滨电视台、哈尔滨有线电视台等多家媒体播出。出版作品有《聂保昌天然木纹艺术》（邮资明信片一套六枚）、《金源瓦当艺术》（黑龙江美术出版社出版发行）。2005年，《金源瓦当艺术》被黑龙江省新闻出版局列为省重点出版项目，并编入黑龙江省文联出版的"黑龙江流域民族民间艺术系列丛书"，受到广泛关注与好评。曾在西泠印社、上海图书集团公司等出版单位出版的文集中收入论文《奇特的斧形大烙印》《金源封泥被发行》《收藏东北皮影》《纯朴奔放的金源瓦当》《黑龙江发现珍稀古币——金质"宣和元宝"》等多篇。

金太祖完颜阿骨打塑像

前　言

金朝是以女真族完颜部为核心在公元 11 世纪形成强大的部落联盟，并于 1115 年建立国家政权，在南下灭辽攻宋的战争中逐渐统一了中国北方。金朝鼎盛时期土地面积 400 多万平方公里，其疆域：东北到日本海、库页岛（今俄罗斯鄂霍茨克海），北到外兴安岭（今俄罗斯远东地区），西北到蒙古高原东部（今蒙古人民共和国），西以河套、陕西横山、甘肃东部和西夏交界，南到秦岭、淮河，与南宋划淮而治。

金朝在中国历史上是一个很重要的朝代，它上承辽、北宋，下接元朝，不但在我国北方的经济文化发展中起到承上启下的作用，更重要的是为中华民族发展壮大注入了新鲜血液，奠定了中华民族多元一体的格局，促进了南北文化的大碰撞大融合，在中华文明发展史上做出了不可磨灭的贡献。其历时 120 年，形式上统一了中国，西夏、高丽为其藩属，南宋向其称臣，使长城内外民族成为一家人，促进了中华民族的大一统格局。

图 1　金上京会宁府遗址

在这百余年间，北部中国社会在政治制

度、民族融合、经济文化、社会生活等方面发生了许多重大而深刻的变化。这些变化中，既有对中原汉文化的借鉴与继承，又保留有女真族的某些特点和北方区域特色。这些变化，不仅对全国本土的社会发展有重大意义，而且对南宋及后世中国社会都有一定的影响。比如，在政治方面，行台、行省的设置，科举制度中女真进士科的创设，北京作为全国政治中心地位的确立；在民族融合方面，金朝自为正统观念的确立与传播，中华民族多元一体格局的发展；在经济与文化方面，北方边疆地区经济的开发，中原文化在北方的广泛传播，艺术及科

图2　金上京午门遗址

图3　金上京城墙遗址

学技术（如诸宫调及天元术、医学、印刷术等）成就等；在社会生活方面，服饰、丧葬、宗教等影响。这些都有力地说明，金代的历史地位是不容忽视的。

"金源"一词是海陵王对金肇兴之地郡望的称谓，是一种殊荣雅称的代名词。黑龙江省阿城是金肇兴之地，曾是中国最北的一代帝都，现有国家级重点文物保护单位2处：金上京会宁府古城遗址和亚沟摩崖石刻；省级文物保护单位4处：金太祖完颜阿骨打陵址、松峰山道教址、清真寺、小岭东川冶铁炉址；市级文物保护单位9处。

金上京会宁府故城（俗称白城），为金

朝的前期都城，历经金太祖、太宗、熙宗、海陵王四代皇帝，作为金王朝的政治、军事、经济、文化中心达38年之久。金初的上京会宁府城市规模极为简陋，金熙宗时开始扩建皇城，修筑宫殿仿照北宋汴京（今河南开封）设计，奠定了南北二城的雏形。"城郭宫室，政教号令，一切不异于中国（中原）"，附近有冶铁、铸造金银器及陶瓷等官私手工业工场，成为当时女真内地新兴的大都市。

贞元元年（1153年），海陵王迁都燕京（今北京），削上京之号，毁宫殿庙宇。金世宗即位后，于庆元宫旧址建殿九间，又重修太祖庙、城

图4　金上京会宁府宫室图

图5　完颜阿骨打陵址

隍庙等，恢复上京名号，设为陪都。大定二十四年（1184年）金世宗东巡上京城，使其进入复兴时期。金宣宗兴定元年（1217年）上京兵变，再遭破坏。

在会宁府古城遗址内经常会发现金代遗物，除了出土大量砖瓦等建筑构件外，还出土了铜镜、古币、印鉴、银锭、佛像、铁器、陶器、金银器等珍贵文物。

金上京皇城南北二城现有城门遗址28处，其中北城北垣1门、东垣1门、西垣1门、腰垣2门、南城南垣2门。除腰垣东侧门址外，均带有瓮城遗迹。城内建有很多宫室。有乾元殿，天会三

图 6　皇城第三殿址

年（1125 年）建，天眷元年（1138 年）更名皇极殿。有庆元宫，天会十三年（1135 年）建，殿曰辰居，门曰景晖，天眷二年（1139 年）安太祖以下御容，为原庙。有朝殿，天眷元年建，殿曰敷德，门曰延光，寝殿曰宵衣，书殿曰稽古。又有明德宫、明德殿，熙宗尝享太宗御容于此，太后所居也。有凉殿，皇统二年（1142 年）构，门曰延福，楼曰五云，殿曰重

图 7　金上京历史博物馆

明。东庑南殿曰东华，次曰广仁。西庑南殿曰西清，次曰明义。重明后，东殿曰龙寿，西殿曰奎文。时令殿及其门曰奉元。有泰和殿，有武德殿，有薰风殿。其行宫有天开殿，爻剌春水之地也。有混同江行宫。太庙、社稷，皇统三年（1143年）建，正隆二年（1157年）毁。原庙，天眷元年（1138年）以春亭名天元殿，安太祖、太宗、徽宗及诸后御容。春亭者，太祖所尝御之所也。天眷二年作原庙，皇统七年（1147年）改原庙乾文殿曰世德，正隆二年（1157年）毁。大定五年（1165年）复建太祖庙。兴圣宫，德宗所居也，天德元年（1149年）名之。兴德宫，后更名永祚宫，睿宗所居也，光兴宫，世宗所居也。正隆二年（1157年）命吏部郎中萧彦良尽毁宫殿、宗庙、诸大族邸第及储庆寺，夷其趾，

耕垦之。大定二十一年（1181年）复修宫殿，建城隍庙。大定二十三年（1183年）以覽束其城。有皇武殿，击球校射之所也。有云锦亭，有临漪亭，为笼鹰之所，在按出虎水侧。可见当时上京皇城之繁盛景象。

亚沟摩崖石刻，位于今黑龙江省哈尔滨市阿城区亚沟镇东5公里的一处山崖峭壁上。石像刻于山阳，为金代早期作品。现存有两幅图像，一男一女，如夫妻并坐。左幅男像武士装束，头戴战盔，饰塔刹顶，两侧有卷檐儿。头部高33厘米，脸宽22厘米，面部丰腴端庄，表情威严坚毅。膀阔腰圆，身材魁梧。身穿圆领窄袖袍，袍角左撩置腰间，肩着披风，双腿左盘右伸，足蹬高腰靴，左手扶靴，右手持剑。男像线条清晰流畅，显得威武雄壮。右幅是一位头戴女帽的贵妇形象，面容温和慈祥，神情庄严从容。身穿

图8　金朝前期四帝塑像

图9　亚沟摩崖石刻

直领左衽长袖衣，盘腿静坐，双手合十置胸前。由于久经风雨剥蚀，女像线条有些模糊，但仍依稀可辨。石像中的男女服饰颇有金初女真人衣着特色，金人之常服"带，巾，盘领衣，乌皮靴"，妇人服"直领，左衽，披缝"。亚沟摩崖石刻采用线雕技法，线条多变且遒劲有力，人像比例匀称，生动形象的写实风格表现了女真人健美勇武的风姿。

金石学是考古学的前身，是一门综合学科，是以古代青铜器、石刻碑碣乃至竹简、甲骨、玉器、砖瓦、封泥、兵符、冥器等文物为主要研究对象，偏重于著录和考证文字资料，以达到证经补史的目的。正如近代考古学先驱马衡先生所言："虽是断墨残木者，但可以证史补史。"金石学研究的目标是人类社会历史，包括人类的进化史、民族形成史、社会发展史等，与历史学基本相同。而二者最主要的区别是，历史学研究的对象主体是文献资料，金石学研究的对象主体是实物资料。由于二者研究的目标相同，所以历史学与金石学又互为补充，联系极为密切，有助于还原历史之真实面貌。

图10　从人牌子

图12　铭文石尊

图11　金国书鱼符

金石学著作的权威性、独特性和学术性有其他著作无可替代的价值。本书以金代印符、兵器、法器、玉器、古币、砖瓦、封泥、黑陶等文物为主要研究对象，配以精美的图片和准确的信息，希望读者通过本书一览金源文化独有之风采，并进一步促进历史学和考古学之研究与发展。

金 / 源 / 金 / 石 / 录

目 录

八 **金源出土的文元清供　100**

九 **金源发现的珍稀古币　123**

十 **金源文物中的琉璃世界　133**

十二

一　绪　论

金石学是指近代考古学传入中国之前，我国学者以古代铜器和石刻为主要研究对象的一门学问，研究对象是零星的、未经科学发掘的出土文物或传世品。其研究方法偏重于铭文的著录和考证；其研究目的是与古籍记载相对应补充文字记载之不足，或校订古籍文字记载之失误。

金石学形成于宋代，北宋欧阳修编著的《集古录》为金石有专书之始，其后有吕大临、薛尚功、黄伯思、洪适等，以及赵明诚和李清照夫妇等都有著述，誉为专家。明代出现的《格古要论》，是中国早期文物鉴赏之书。到了清代金石学达到鼎盛期，乾隆年间曾据清宫所藏古物编纂了《西清古鉴》等书，其后在铜镜、兵符、砖瓦、封泥等方面都有了专项研究，到了清末研究范围扩大到甲骨、简牍、冥器和各种杂器，蔚为大观。

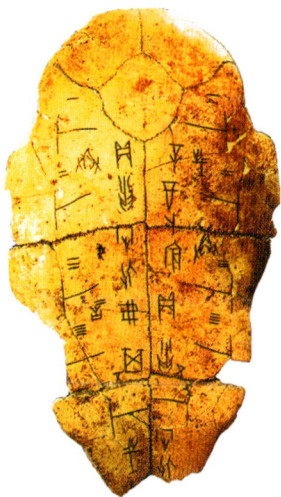

图 1　殷商甲骨文

图 2　契丹文虎头牌

此时正式有了"金石学"的命名，被视为中国考古学的前身。

金石学研究的体例尚不一致，搜集、整理的精准程度也各有不同，正如《金石萃编》的作者王昶先生所言："迹其囊括包举，靡所不备。"到了近代，以王国维、罗振玉、郭沫若、董作宾等人为首，充分发挥

图3　作者在上京会宁府遗址考察

图4　金太祖陵功德碑

前代学者之长，吸收和借鉴西方研究方法，在其所著的书籍中对出土金石器物进行辨订名物、考证世谥、补正经史、训释文字等，将金石学研究推向更为成熟发展的一步。随着先贤的努力，以马衡、朱建新、陆和九等为首的金石学者，尽自己几十年的研究功力，对数千年以来的金石器物及金石名家的考述进行了分析总结，并将其学术成果如《金石学》《中国金石学概要》《中国金石学》等著作献于读者。

原故宫博物院院长、我国近代考古学先驱马衡先生（1881—1955年），于1923年前后曾任北京大学考古学研究室主任兼学术导师，他在《中国金石学概论》①中写道："金石者，往古人类之遗文，或一切有意识之作品，赖金石或其他物质以直接流传至于今日者，皆是也。以此种材料作客观的研究以贡献于史学者，谓之'金石学'。古代人

① 马衡先生的《中国金石学概论》是根据在北京大学历史系讲授"中国金石学"课程时所著讲义整理，被誉为是近代金石学的开山之作。

类所遗留之材料，凡与中国史有关者，谓之'中国金石学'。"依照马衡先生的这一理论，毫无疑问"金源人"遗留下来的与金源历史有关的"材料"（作品）都应属于"金源金石学"范畴。本文所记述的正是与金源历史沿革相关联的一些珍贵文物，故命名《金源金石录》。

何谓"金源"？即金之源头。它是一个地域，指号称"大金国第一都"的金上京会宁

图 5 金太祖陵遗址

府。在辽代称"会宁州"。公元 12 世纪初，崛起于白山黑水间的生女真人完颜部，在首领完颜阿骨打的率领下，于 1115 年正月在今哈尔滨市阿城南郊的阿什河畔称帝建国，并确立了大金国号。女真人把整个阿什河流域看作金国的肇兴之地，故有"金源"之称。《金史·地理志》载："上京路，即海古之地，金之旧土也。国言'金'曰'按出虎'，以按出虎水源于此，故名金源。建国之号盖取诸此。"女真人入主中原建都燕京（今北京）后，遂将今阿什河流域称为"金源内地"。所以"金源"又被看作是一个时代或曰一个时段，即从完颜阿骨打建都到完颜亮迁都，有四位皇帝在这里执政，凡 38 年。但会宁府作为金国的"上京"，一直存续至金国灭亡，约 120 年。在这个区域这个时段里，女真人迅速崛起，先后灭掉了辽国和北宋，使这里聚集大量的财富和珍宝，达到空前繁荣的历史时段，并形成了以上京都市文明为核心的金源文化区域。在金源地区范围内，其地下与地上的遗存非常丰富，表明金源地区的文化曾经多么灿烂辉煌。根据截至目前的考古调查所知，在今阿城即金上

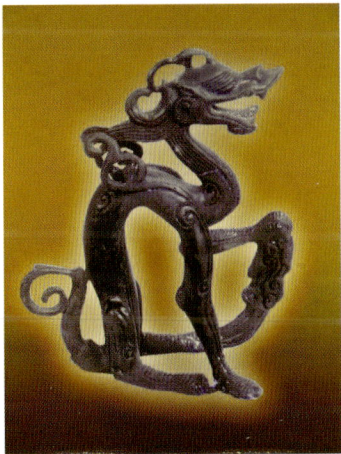

图 6 铜坐龙

京及周边地区发现金代古城400余座，出土文物之丰厚是令人难以置信的，足见当时金源地区之繁荣景象。

如今的"金源"距离灭亡

图7　金上京皇城大殿遗址

虽已经过去了八九百年，但在这一区域内仍然不断发现那个时期人们留下来的珍贵遗物，而这些遗物正与那个时期居住在这里的

图8　鎏金铜佛

人相关，是历史的见证。比如，完颜阿骨打建国时祭祀用的人面形铁犁铧的出土，既证明了《金史·礼志九》所载："收国元年春正月壬申朔，诸路官民耆老毕会，议创新仪，奉上即皇帝位。阿离合懑、宗翰乃陈耕具九，祝以辟土养民之意"，补充了有史无物之缺憾；又使我们了解到那个时代耕具是什么样子的，领略了金代造型技艺的高超。金女真人把人的面目图形制作在了具有特定形状的实用农具犁铧上，不仅铸有阳文还有阴文，甚至仅仅利用几个小孔就在犁铧上排列出人的面形，造型之准确，具象之生动，构图之简约，彰显了女真人的聪明才智。此人面形铁犁铧无论是用于祭祀、耕作还是观赏，都堪称精品。中国历史上是一个以农耕为主的国家，有着数千年的农耕文化，据考古证明我国至迟在春秋时期就有犁铧，而且使用至今。数千年的农业耕作记载，唯有金源地区出土了一件人面形农具。而据史料记载可知，铭文的"人面形铁犁铧"不是一般的农具，乃是金初开国的祭祀礼器。

另外，在金源地区还出土了刻有女真文

字的两套（4 件）铸造铁犁铧用的工具"铜铸范"。它们的发现填补了金史研究的两项空白：其一，填补了在金源地区陆续出土了大量铁器但一直没有发现制造铁器工具的空白；其二，出土的铜铸范上刻有 8 个珍贵的女真文字，填补了在女真人的发祥地——金源地区首次发现女真文字的空白。这 8 个弥足珍贵的女真文字，书写隽永流畅、神采飞扬，颇具动感，可见书法功底之扎实、民族文化之魅力，更彰显女真人的艺术水平。目前此文物尚属孤品。

图 9　心心相印铜镜

马衡先生在他的《中国金石学概论》一书中说："权之见于著录，亦始于秦。""汉以后权，惟元明尚有存者。其余不多见（《陶斋吉金录》所载北周权一，唐权二，皆伪物），或称之为用较广，其文字皆在衡上。衡以木制，不能传久，而无字之权，又不能定其时代，故吾人转觉材料之少也。"笔者所提供的这几枚"权"，应该算作"其余不多见"之填补空白，充实了度量衡史在这一段时间的空缺。而且这几枚"权"上，有的

明确铸刻金熙宗年号"皇统九年"，有的带有珍贵的女真文字。这些"权"的造型比例合理、线条明快，文字书写也浑厚饱满，其中"皇统九年"的书写当属金代汉字书法中的上乘之作。

图 10　殷商凤纹牺觥（湖北省博物馆藏）

本文还收录了一些在金源地区新发现的印章，其不同于以往所见到的那些"千印一面"的大小衙门官印，而是作为专属专用的各种押印。这些印章不论是在造型上还是在篆刻手法上都具有鲜明的个性，反映出那个时代的工艺水平和艺术特点。需要特别加以说明的是一方"昏钞讫毁印"，边款刻有"上京路昏钞讫毁之印"，其发现有力地证明了金代确实发行了交钞（纸币），而且在发行交钞的同时还制定了严格规范的昏钞讫毁制度——"交钞字昏方换，以旧纳新"。此印的发现，不仅弥补了文献记载之不足，还补充了我国货币发行史上的重要一节，更是金代发行交钞证据链中的实物资料，具有珍贵的学术价值和历史意义。

女真人被称为马背上的民族，由于日常的渔猎游牧需要衣着便利，"带饰"自然是必不可少的佩饰。在金源地区出土的大量文

物中，最醒目的就是带饰。本文所展示的一些带饰是摘选其中较为精美且具有代表性的装饰物。在这些小小的带饰上都雕有浮雕状花纹，或是花卉鸟凤，或是经典故事等等，式样齐全，内容丰富。例如一套"鞢䪁带"，带饰花纹雕刻得精美绝伦，方寸之间构图饱满、布局合理，纹饰设计更是奇妙，将缠枝葡萄纹和凤鸟纹细腻地结合在一起，一动一静层次清晰、生动活泼且互为补充，是一种大胆的构图尝试。又如一例带饰，构图中呈现我国古代经典故事《携琴访友图》：小小

图 11　金质带饰

的饰件上表现出小桥流水、柳岸成荫的画面，弯弯的小桥上一前一后走着两个人，形象生动、活灵活现——活脱脱的是一幅微雕《携琴访友图》。中原地区的传统绘画题材也出现在女真人的带饰上，应该是中原文化与金源文化碰撞的结果，是两种文化融合互补的完美体现，更是民族大团结的象征。

女真人尚武，是马背战士，仅仅以数百人的抗争开始，在不到十年的时间里迅猛发展，先后灭掉辽国和北宋，他们依仗的不仅是骑射、胆识、强壮和尚武精神，更重要的是他们持有各种较为先进的武器。这在金源地区出土的大量的、样式各异的兵器中就可以显现——金源地区出土的大量兵器堪称我国古代冷兵器的"博物馆"。有的兵器只在古书中有所记载，却没有发现实物的出土和流传。比如"梭镖"，由于缺乏实物证据而被误传成"标枪"，在金源地区批量出土的文物中就可以找到解除这一历史上误认的佐证实物。另外还有"判官笔""梢子棍""连锤""刺鹅锥"等实物出土，这些都属金源地区的首次发现，是填补历史空白和开展学术研究的重要文物。而令人意想不到的是，在金源地区出土了一件人面形响箭头，是通过鸣镝发出信号。女真人掌握了这些大量的

图 12　银质执壶

"先进"武器，应该是他们克敌制胜、以少胜多的法宝，亦是迅速崛起的一个重要因素。

图13　宣和元宝

图14　鸭嘴妈妈

除此之外，金源地区还出土了一些诸如宗教用品、文玩清供、玉器瓷器、瓦当琉璃等遗存，无不使人赞叹，无不使人震撼。这些出土遗物的时代特点鲜明，地域特征鲜活，是中国历史研究中不可或缺的珍贵实物资料，是女真人聪明才智的文化结晶，是九百多年前闪烁在东北亚地区的一个文明亮点，是中原文化和金代文化碰撞交融的火花，更是"金源人"祖先留给后人的珍贵遗产。为了不使这些珍贵的遗产散失，亦留给后人一份真实的研究资料，笔者经过多年的精心收集，又经过众多考古文博界及收藏界朋友们的无私帮助，终于集腋成裘式地促成了这本书的诞生。希望本书的出版，对于基层考古工作者提升考古学知识提供有益的帮助，对于金源文化研究者乃至金史研究者提供有利的借鉴价值，对于边疆区域文化的展示和保护具有抢救开发的现实意义，并就教于学界方家给予指正。

图15　银质马鞍

二 金源出土的珍贵印押

截至目前金源地区出土了大量反映金代政治制度、军事制度和社会管理、经济税收等方面的各类官印，以及不同种类的印押。笔者就其中一方"昏钞讫毁印"试作如下分析，并请方家指正。

1. 珍贵的金代"昏钞讫毁印"

《东北史地》2008 年第 2 期发表了黑龙江大学历史系教授徐立亭先生的一篇标题为《"隆安府合同"印章的发现与金代"合同交钞"问题》的文章，披露了在黑龙江省阿城发现的一方印文为"隆安府合同"的印章。作者称该印是首次发现金代汉字宋体楷书"合同"印章，并引用刘浦江编著的《二十世纪辽金史论著目录》上无同类印章著录加以说明。徐立亭先生认为，据有关专家鉴定认为在以往已经发现的金代印章中有印谱著录的 60 余方都是用篆文刻制的，多数为各级政府衙门官印，像这方汉字宋体楷书的"合同"印章从来没有见过，实属罕见的稀世孤品，有重要的学术研究价值和历史文物价值。徐立亭先生又结合"隆安府合同"印章的发现对金代"合同交钞"问题进行了详细的考证，并在文章的结尾处阐述："值得注意的是，清朝乾隆年间王昶热心金石学，曾经收罗商、周铜器及宋、辽、金石刻拓本1500 余种，以 50 年的功力编纂《金石萃编》160 卷，其中第 41 卷有金宣宗贞祐二年的'京兆府合同'、'平凉府合同'两方合同印文著录，这是根据《贞祐宝卷》拓片著录的。王昶可能并没有见到过这两方合同实物，这就更加证明'隆安府合同'印章的发现，对于填补金代货币研究的空白点提供了确凿的实物证据，也为人们深刻理解'合同交钞'找到了法宝。"

事实上，与"隆安府合同"印同时出土的还有一方印文为"昏钞讫毁印"的印章，印文也是宋体楷书，"红文"，直读，无边栏。该印呈长方形，橛纽，纽的一面刻有"贞祐 年二月 日"。印底座的上部刻有"上京路昏钞毁讫之印"的字样。印纽顶部刻有指示方向的"上"字。印底座的侧面刻有一个"行"字和一个字迹模糊尚未辨识的文字。参见下图所示。

"昏钞讫毁印"为青铜质，通高约5.5厘米，印面为3.55厘米×1.97厘米。印底座高1.78厘米，印纽高3.75厘米。印纽的最宽处约2.4厘米，厚度约1.1厘米。印章通体斑驳，细看并非都是锈蚀所致，有的应为铸造时进入空气形成的气泡，类似银锭上的蜂窝状，呈现出这一类文物特有的美感。

图3　边款"贞祐　年二月　日"

图1　"昏钞讫毁印"印面

图4　印纽顶部"上"字

图2　边款"上京路昏钞毁讫之印"

如果说"隆安府合同"印（如图所示）的发现填补了金代货币史研究的一个空白，那么"昏钞讫毁印"的发现则填补了金代货币史研究的又一个空白——昏钞讫毁制度及相关操作流程。

金代合同印除清代王昶《金石萃编》中著录的两方以外，2009年孙家潭先生在其编著的《大风堂古印举》一书中发表了包括"隆安府合同"印在内的三方金代合同印。而这一方"昏钞讫毁印"至今尚未见任何著述中收录，可以确切地认为此当属首次发现，为稀世珍宝中的瑰宝。金代"隆安府合同"印和"昏钞讫毁印"这两方印章的发现，充分证实了《金史》中所载的金代"交钞"（纸币）从发行到讫毁的一系列制度的存在与实施。

图 8　南京合同印

图 5　隆安府合同印

图 9　南京合同印印面

图 6　隆安府合同印印面

图 7　隆安府合同印印记

图 10　南京合同印印记

图11 壹钱合同印

图12 壹钱合同印印面

图13 壹钱合同印印记

《金史·食货志》记载，海陵王贞元二年（1154年）迁都后，户部尚书蔡松年复钞引法，"遂制交钞，与钱并用"。即从贞元二年开始发行交钞起，到金朝灭亡，流通了80年。在这80年里，交钞虽与铜币、银铤并用，但交钞占有最重要的地位。据《金史·食货志三》记载："初，贞元间既行钞引法，遂设印造钞引库及交钞库，皆设使、副、判各一员，都监二员，而交钞库副则专主书押、搭印合同之事。印一贯、二贯、三贯、五贯、十贯五等谓之大钞，一百、二百、三百、五百、七百五等谓之小钞，与钱并行，以七年为限，纳旧易新，犹循宋张咏四川交子之法而纾其期尔，盖亦以铜少，权制之法也。"① 因铜资源匮乏，交钞纸币应运而生。

金章宗即位之后，国家每年铸造铜钱所耗费的财力已大大超出了铸造铜钱的面值，于是采取了改印交钞为主要流通的办法，并削去厘革之限，全国通用，"交钞字昏方换，以旧纳新"。《金史·食货志》又载："遂罢七年厘革之限，交钞字昏方换，法自此始，而收敛无术，出多入少，民寖轻之。"交钞作为一种携带方便又便于流通的货币，有利于商业贸易往来，促进了金代商品经济的发展。但同时由于交钞大量发行，出多入少，

---

① 金代实行的"合同交钞"制度就是在流通的纸币上加盖"合同"印章，限定合法流通与换旧的行政区域。交钞是以铜钱为钞本，交钞面值以"贯"为单位，名义上可以与铜钱随时兑换。金海陵王迁中都后，贞元二年（1154年）设立交钞库，开始发行交钞。分大钞、小钞两类，和铜钱、银铤并用。金世宗大定二十九年（1189年），取消交钞使用期限，可以无限期流通，成为永久性通用货币。这在中国货币发展史上具有划时代的意义。

发行量超过了商品流通中的需要，致使"民寝轻之"，开始贬值。

货币作为商品交换的媒介，在执行流通手段职能时不断地从一个人手中转换到另一个人手中，周而复始。又因交钞一开始就具有不兑换的性质，致使损耗严重。《金史·食货志》记载："交钞之制，外为阑，作花纹，其上衡书贯例，左曰：'某字料'，右曰：'某字号'。料号外，篆书曰'伪造交钞者斩，告捕者赏钱三百贯'。料号衡阑下曰'中都交钞库，准尚书户部符，承都堂札

图14　作者在金上京铸造厂遗址考察

图15　金上京铸造厂遗址出土的古币

付，户部覆点勘，令史姓名押字'。又曰：'圣旨印造逐路交钞，于某处库纳钱换钞，更许于某处库纳钞换钱，官私同见钱流转。'其钞不限年月行用，如字文故暗，钞纸擦磨，许于所属库司纳旧换新。若到库支钱，或倒换新钞，每贯克工墨钱若干文。库掐、攒司、库副、副使、使各押字，年月日。印造钞引库库子、库司、副使各押字，上至尚书户部官亦押字。其搭印支钱处合同，余用印依常例。"通过文献记载我们可以明确了解，金代的交钞由一开始的七年为期更换一次，改为如果字文磨损、昏暗，支付一定成本费随时可以倒换新钞。后又因交钞的全国流通，改为随时随地可以"纳旧换新"，并命令官库凡纳入的"昏钞"一概"受而不支"。同时又严格规定凡纳入的昏钞皆于钞背印记官吏姓名，并且从管库人员、州、府乃至尚书户部官员逐级都要押字以示责任，"积半岁赴都易新钞"，如此"则昏钞有所归而无滞矣"。可见，金代对昏钞的管理制度是严格的，手续是完备的，与"隆安府合同"印同时出土的这方"昏钞讫毁印"就是有力的证明。

1994 年，在今哈尔滨市阿城区阿什河乡东环村出土了一方金代官印，印文为九叠篆书"上京印造交钞库之印"。此印呈正方形，边长 5 厘米，印背刻有"行部造"字样，印侧刻有"贞祐二年五月　日"字样。此方官印的出土，可以说明金源地区在金末也设置了管理交钞的专门机构。

2. 奇特的斧形大烙印

"烙印"，因大多用来给马匹烫烙印迹，所以又称为"烙马印"，为官印之一种。古时因其用火烧后才能烫烙，所以亦称为"火印"或"火烙印"。据有关文献记载，战国时期就有烙马专用的火烙印，如《庄子·马蹄》记载："及至伯乐，曰：我善治马，烧之剔之，刻之洛（烙）之。"及至后世关于烙马印的记载日渐增多。比如，《北史·魏孝文帝纪》载："延兴二年（472 年）五月，诏军警给玺印传符，次给马印"；《唐六典》卷十一载："凡外牧进良马，印以三花飞凤之字为志焉。细次马送尚乘局，于尾侧依左右间印以三花；其余乘马送尚乘者，以风字印印右髀"；西夏《天盛年改旧定新律令》卷 19《牧盈能职事管》载："每年四月一日至十月一日将四种官有的驼、马、牛、羊'于盈能处置号印，盈能当面应于仔驹寄之耳上或羔羊颊上为号印'"。可见，烙马印是作为官畜标记的。又如，《天盛律令》第五章 297 条载："全部从征者应根据其财产状况纳战马并须烙马印，烙印马须牙蹄健壮。"说明被烙印的马匹为良马，牙蹄健壮，纳入战马之列。

清末以来随着考古学的日渐兴盛，有关古代烙马印屡见于著录中。最早见于谱录的应属清末陈介祺辑古玺印谱录《十钟山房印举》；王献唐在《五镫精舍印话》中说："汉印中有阳文巨印及长方阳文印，字极深露者大抵皆火印也"；罗福颐《近百年来对古玺印研究之发展》中写道："传世古印中，有烙马用印"；1930 年出版的《贞松堂集古遗文》中首次发表汉代"灵丘骑马"烙印，等等。虽然有关烙马印的著录偶有出现，但资料比较零散，直至 1999 年上海书画出版社出版了《中国美术分类全集——中国玺印篆刻集》，为目前收集国内外馆藏烙马印最全面的一部书籍。其中，收录故宫博物院藏烙马印有："骀"，纵 7.7 厘米、横 7.5 厘米；"曲革"，纵 7.2 厘米、横 7.1 厘米。收录上海博物馆藏烙马印有："常骑"，纵、横均约为 7.0 厘米；"遒侯骑马"，纵、横均约为 7.0 厘米。收录现藏于日本的烙马印有"日庚都萃车马"，纵、横均约为 7.0 厘米。近年由孙家潭编著、西泠印社出版的《大风堂古印举》中收有"夏骑"巨形西汉烙马印，纵 8.5 厘米、横 7.2 厘米，为目前最大的一方。上述烙马印印面均为阳文，无边栏。

图 1　曲革

图2 日庚都萃车马

图5 "夏骑"烙马印

图3 常骑

烙马印作为标志性官印的一类，是古代官方用于烙马的专用印章，用火加热后印于马匹的身体明显部位。烙马印造型特征鲜明、风格独具，一般要求印迹视觉效果明显，故常常采用印面宽大、文字舒朗、笔画粗疏清晰的字体。烙马印这种形制较大的印章通常为铁质，印纽的上端有一方孔，可纳入木柄，为烙火方便之用。古代烙马印遗世甚少，目前最为著名的烙马印有两方：一方是汉代的"灵丘骑马"印，另一方是战国的"日庚都萃车马"印。烙马印因其形巨大多姿，印面布局舒展开阔，挪让变化极富神韵，字体笔画苍浑古朴，体势奇特恣肆，常为后世篆刻家所借鉴。

近年来在金源地区上京会宁府遗址出土了一些烙马印，其中一方斧形烙马印颇显奇特。从外形上看，除了印面宽大外其他部分看起来就像一把斧子，斧銎、斧攫一应俱全。銎可以安柄，柄与印体呈90°垂角。所以印体烧热后在使用时不会烫手，也避免了因掌握不适而烫伤马匹，相较于那些直立安柄的烙马印来说应该是一种技术改进。与之

图4 "夏骑"烙马印印面

相类似的烙马印以前尚未见于著录中，该烙马印的发现当属首例。参阅图6—10所示。

这方斧形烙马印为铁质，印面呈长方形，印文为"东合"二字，红文楷书，直读，有边栏。前文所说《中国美术分类全集——中国玺印篆刻集》中收录的国内外各博物馆馆藏烙马印均无边栏，而此方有边栏的烙马印实属罕见。"东合"烙马印的印面长8.65厘米、宽4.75厘米、高9.7厘米，重达1335克，已超过前文所提到的西汉烙马印"夏骑"，应为目前最大者。可见，此方斧形"东合"烙马印的奇特、珍贵和极其重要的历史研究价值。

图8　"东合"烙印

图9　"东合"烙印印面

图6　铁质斧形"东合"烙印

图7　"东合"烙印

图10　"东合"烙印印记

金上京会宁府是金国建立的第一个国都，是女真人的发祥地。女真人被称为"马背上的民族"，对马有着特殊的感情，对养马有着浓厚的兴趣，而且对战马更有着习惯性的依赖。因此，金朝制定了一系列关于马匹的政策，称作"马政"。据《金史·兵志》记载："金初因辽诸抹而置群牧，抹之为言无蚊蚋、美水草之地也。天德间，置迪河斡朵、斡里保（保亦作本。）、蒲速斡、燕恩、兀者五群牧所，皆仍辽旧名，各设官以治之。又于诸色人内，选家富丁多，及品官家子、猛安谋克蒲辇军与司吏家余丁及奴，使之司牧，谓之群子，分牧马驼牛羊，为之立蕃息衰耗之刑赏。后稍增其数为九。契丹之乱遂亡其五，四所之所存者马千余、牛二百八十余、羊八百六十、驼九十而已。""（大定）二十一年，敕诸所，马三岁者付女直人牧之，牛或以借民耕，或又令民畜羊，或以赈贫户。时遣使阅实其数，缺则杖其官，而令牧人偿之，匿其实者监察举觉之。"又载："明昌五年，散骒马，令中都、西京、河北东、西路验民物力分畜之。又令它路民养马者，死则于前四路所养者给换，若欲用则悉以送官。此金之马政也。然每有大役，必括于民，及取群官之余骑，以供战士焉。""宣宗兴定元年，定民间收溃军亡马之法，及以马送官酬直之格，'上等马一匹银五十两，中下递减十两。不愿酬直者，上等二匹补一官，杂班任使，中等三匹，下等四匹，如之。令下十日陈首，限外匿及杀，并绞'。又遣官括市民马，立赏格以示劝，五百匹以上钞千贯，千匹以上一官，二千匹以上两官。"可见金朝对马匹的管理是相当严格的，对所有马匹的优劣、马匹的出身、马匹的分配（分属）等做了明确的标识。由此看来，在马匹的某个部位做上明显印迹以示分类是有必要的，因此需要大量的各式各样的烙印。从金上京遗址出土情况来分析也的确如此，真可以用五花八门、无奇不有来形容烙印的种类，除刻有文字烙印外，更多的是一些雕有图形的烙印（如宵形烙印），本文选取较为奇特的烙印作简要介绍。

"卍"字形烙印。因为它是吉祥图案，又有读音，所以可以把它看作是文字烙印。印面呈圆形，直径16.5厘米，有"裤"可以安柄，高49.5厘米，印体重量约1300克，如下图所示。

图11 "卍"字形烙印

图12 "卍"字形烙印印面

图 13 "卍"字形烙印

图 14 西夏文"官"字形烙印

金上京会宁府遗址出土的一些烙印都为铁质（包括上文"卍"字形烙印），至今尚未发现铜质或其他金属制成的烙印——这是因为金代缺铜，金源地区那时又无铜矿，而冶铁业却很发达。据史学家研究考证，女真人能够迅速崛起的原因之一就是有发达的冶铁业作支撑，另外也是从青铜器时代发展到铁器时代的必然结果。2009 年《收藏·拍卖》第 10 期发表了《珍秦斋藏古玺印》一文，其中有一方西夏文"官"字形烙印（如图 14 所示），印面呈圆形，也有一个带"裤"的长铁柄，和金源地区出土的"卍"字形烙印相类似，看来这些边远的少数民族地区都存在缺铜的问题。与该文一同发表的还有"全"字形大烙印（有人说古时"全"字与"金"字相通）、"高"字形烙印、月牙形烙印、鼓形大烙印、梅花形押印、宵形穿带印、鼻纽宵形押印等，图示如下供大家参考。

图 15 "全"字形烙印

图 16　"高"字形烙印

图 18　月牙形烙印

图 17　"高"字形烙印

图 19　月牙形烙印

图 20　字形烙印

图 21　押印

图 24　宵形穿带印

图 22　梅花形押印

图 25　押印

图 23　女真文押印

图 26　鼻纽宵形押印

在金源地区出土的烙印中有一方较为奇特，被称作鼓形大烙印，因为此印整体来看就像一面大铁鼓（它又像锤子，因此也可称为锤形烙印）。印面中间鼓腹处有圆孔，可按柄。印面中间鼓腹最大直径为 7.4 厘米，印面两侧直径为 5.6 厘米，印高为 7.5 厘米，重达 1350 克。烙印两端各有印文，一端的印文是一个"天"字，另一端的印文是一个"元"字，均为阳文，有边框。整颗大印美观大方，霸气十足。

关于"天""元"，史有明载，"北元"的小朝廷脱古思帖木儿在位的年号就是"天元"（1379—1388 年）。朱元璋建立明朝时，元朝的势力并没有完全被消灭，妥欢帖木儿率残部北奔后仍自称"大元"，沿用元朝建制。他死后大明皇帝以其"顺天命退避"加其号曰"顺帝"，至脱古思帖木儿即位，改年号"天元"。明洪武二十一年（1388 年）脱古思帖木儿被明将蓝玉打败后西逃和林，后被也速迭儿所杀。此后蒙古是否继续沿用"大元"国号史无明载，此印很可能就是那个时期的遗物，待考。

图 28　鼓形大烙印"天"字印文

图 29　鼓形大烙印"元"字印文

图 27　鼓形大烙印

三　金源出土的法器

1. 金源地区发现铭文铜鼓

2008 年笔者在一位收藏家的藏品中看到一件"铜鼓"，据说是在金上京会宁府遗址附近五常市冲河乡发现的。铜鼓的直径约 37 厘米，高约 7.6 厘米，底面呈一折边环状形，底宽约 4.6 厘米，底环厚约 0.7 厘米。铜鼓侧面置有对称的两个小耳，可以穿绳，可惜现已残损。鼓体重达 7.5 千克。如图 1 所示。

鼓面有三组同心圆弦纹，靠近圆心的一组只有一条弦纹，相对较粗，另外两组都由三条弦纹组成，弦纹相对较细。在鼓面和鼓帮的结合部位也有一组三条弦纹，在鼓帮上还有两组三条弦纹。鼓帮上的两组弦纹中间有一行汉字，楷书，共 40 个字，其中有 35 个字能清晰可读，另有 5 个字因残缺无法辨识。字的笔画是由无数个小圆孔组成，书法显现技艺高超，应是高手所为。参阅下图所示。

图 1　铭文铜鼓鼓面

图 2　铭文铜鼓鼓底

铜鼓起源于铜釜，而铜釜则起源于陶釜。初期铜鼓与铜釜相似，形制粗犷，器表多为素面，腰间有耳，鼓面小于鼓腹。到了青铜器鼎盛时期，铜鼓发展成为重要的礼器，因而其上的纹饰图案也丰富起来。在其后的发展过程中，纹饰图案被一些民族吸收并根据本民族的需要和习俗不断发展、改进而成为南方许多民族的特有文化现象。进入奴隶社会，君长（部族首领）及其统治阶级为了维护其对内统治族人、对外进行防御和掠夺时组织指挥，需要一种显示地位并具有号召力的器物作为载体，这种形体宽大、声音洪亮的铜鼓逐渐演化成为权力和财富的象征。同时为了增强铜鼓的神秘性，各地又根据本地区或本民族的习俗，把自己所崇拜的图腾或者有特殊意义的纹饰用雕刻手段修饰于鼓面上。由此从一侧面也可以看出当时的社会生活和人们的喜好。

图 3　铭文铜鼓侧面

图 4　铭文铜鼓侧面带有残缺部分

很早就有人对铜鼓进行研究，国内有人研究，国外也有人研究。例如：1902 年黑格尔就著有《东南亚古代金属鼓》一书，还把石寨山型的各种铜鼓作了分类，直至 1988 年才由"中国古代铜鼓研究会"采用地名命名法将石寨山出土的铜鼓正式定名为"石寨山型"。这种铜鼓面径大于腰径，腹部特别大，呈半弧形外突，最大径偏上呈梯形状，足部短，足沿无折边，为形体小而高的特征，并有人物或动物活动场面的纹饰，还有太阳纹、弦纹等修饰在鼓面上。石寨山型铜鼓不仅以云南省晋宁县石寨山古墓出土的铜鼓为代表，而且在我国南方各地出土的铜鼓中都是极具特点的代表性一种。

铜鼓的用途，据出土文物和文献史料记载推知，"滇人"的铜鼓有如下四方面用途：

（1）权力的象征

如《隋书·地理志》载："自岭以南……并

铸铜为大鼓，有鼓者为都老，群情推"；《明史·刘显传》载："得鼓二、三便可僭号称王"；清人朱国桢《涌幢小品》载："藏鼓二、三者即可僭号称寨主矣"。考古分析也有发现，青铜器时代仅在滇王和贵族大墓中出土过铜鼓。

（2）铜鼓可作为乐器

铜鼓的出现是否与音乐有关尚不明确，但出土实物中有一件铜鼓上铸有图案：一只铜鼓置于地面上，其旁有两人边击边唱场景。直到现在南方的一些少数民族遇有民间重大庆祝活动、特别是带有宗教色彩的活动，都采用铜鼓来助兴。

（3）铜鼓可作为储贝器具

铜鼓常与大量海贝同时出土，所以多数人认为铜鼓又是一个储贝器，是财富的象征。

（4）集众时

图 5　铭文铜鼓侧面

图 6　铭文铜鼓侧面纹饰

图 7　铭文铜鼓侧面纹饰

用于发出信号

如《太平御览》引晋人裴渊《广州记》载："俚僚贵铜鼓……风俗好杀，多构仇怨。欲相攻击，鸣此鼓集众，到者如云"；《明史·刘显传》载："击鼓山颠，群蛮毕集"；檀萃《滇海虞衡志·志器》载："会集击之，声闻百里，以传信"。这都说明铜鼓之音可作为集合乡众约定俗成的信号，至今有些地方仍在沿用。

古代铜鼓大多铸有精美纹饰，铭文却很少见，至明代以后才在中南地区的地方志书中偶见记载。明清时期发现的铜鼓鼓面上铸有"孔明置造"四字铭文，传说是诸葛亮制作，散埋山中镇压蛮夷。如四川省《庆符县志》记载："或即武侯南征战鼓也。"贵州省《遵义府志·金石志》"铜鼓条"记载："世传铜鼓，诸葛所造，此或然也。"此外民间还有诸多传说，不一一列举。从现今出土的古代铜鼓实物来看，有铭文的铜鼓确实罕见，而上文提到的这面铜鼓的鼓帮上一整圈刻有 40 个铭文，堪称铜鼓铭文之最。更为重要的是，从以往出土情况来看古代铜鼓大多出现在云南、贵州、广东、广西、海南、四川和重庆南部、湖南西部地区，向南发展到越南、老挝、柬埔寨、泰国、缅甸、马来西亚、菲律宾等国家，可是在我国长江以北却未见它的踪迹，好像铜鼓只往南向发展不往北方"迁移"，这是为什么？令人匪夷所思。按说南方铜鼓的铸造是受中原地区青铜器铸造的影响，而铜鼓在南方发展了几千年甚至早就"漂洋过海"，可它为什么却始终未北越长江呢，这个现象令人费解。这次"石破天惊"地在远离长江数千公里以外的大东北出土了一件有 40 个汉文的铜鼓，式样又很奇特，这是不是可以说铜鼓并不是没有"北上"，只是以前没有被发现而已。

有人说这面铭文铜鼓是萨满教的神器，因为上面刻有"堂主李师"的铭文。可铭文"二百三十里地回京"又是什么意思呢？是更值得研究的。根据铜鼓铜质的锈色可以判断，应属金初的产物。因为此铜鼓是和在这同一地区出土的大量金代铜釜、铜质器物的锈色相类似，花纹、饰样也是可以相参照的。更为主要的是，辽金时期的女真人笃信萨满教，最高统治者完颜阿骨打又是大萨满，那时的一切活动都由大萨满说了算，活动又是相当频繁，形式又是庄重而热烈，按说也应该有遗物留存下来。如果这面铜鼓真的是那个时期的萨满神器，这个"堂主李师"又是谁呢？需要进一步研究。此鼓既然

有"堂主李师"的铭文，说明它应该是一个神器；"二百三十里地回京"的铭文，说明鼓的出土地距京只有二百三十里之遥。那么这个距铜鼓的出土地黑龙江省五常市冲河乡只有二百三十里的"京"又是哪里呢？历史上在出土地周围建都的有渤海国"上京龙泉府"，在今黑龙江省宁安市境内，距出土地较远。还有辽代所建诸京如"上京""东京"等地，都在千里之外。这样算来距铜鼓出土地"二百三十里地回京"的只有金国建立的"上京会宁府"，所以说此铜鼓当是金初遗物。

可是此铜鼓经过某一史学专家看过之后认为是汉代遗物，理由是鼓上的弦纹具有汉代的风格，再就是铜质也与汉代的相类似。可问题是此鼓上的 40 个铭文却是"楷书"字体，只有个别字略似"行书"。单从汉字的演变过程来看，汉时楷书尚未形成，这从汉代的大量文字遗存中可以得到证明。比如，汉代的一些印章、封泥、瓦当、竹简等都没有楷书字体，汉代具有代表性的碑刻《曹全碑》和《张迁碑》等都是隶书。书法家一般认为隶书是在东汉末年才发生变化，删繁就简，去隶书的"蚕头燕尾"，调整了扁方的字形等而形成的一种新的字形。到了三国时期，曹魏人锺繇经过不断探索改进，终于形成了这种叫作"楷书"的书体字。流传下来的小楷作品《荐季直表》，一般都认为出自锺繇之手。这样看来，此铜鼓是东汉的遗物（也只能是这个时期的了）。就算它是汉末三国时期的遗物，可它又是怎么来到这个地方的呢？此鼓的出土地黑龙江省五常市在那个时期还是匈奴的腹地，游牧民族是无法携带这样的笨重物品游猎的。如果此鼓

真的是那个时期的遗物，谜团也就更多了。但不管怎么说，此鼓的造型之奇、铭文之多，都是前所未见的。

专家断定此铭文铜鼓是汉代遗物，也就是说铜鼓是汉代铸造的，后流传至金代被金人所得，金人用钻孔的方法在铜鼓上钻"刻"了字。换言之，鼓上的字是后人钻上去的，即"汉代的鼓，金代的字"。这是很有可能的，也是汉代的铜鼓钻有楷书文字的合理解释。如果这种解释成立的话，这面铭文铜鼓也就更加弥足珍贵了。

2. 金刚铃

诺布旺典在他编著的《唐卡中的法器》一书中说："金刚铃或称法铃，其手柄是半个金刚杵，另外半截则是身形较大的铃，二者合成法铃的外形。"这种类似手铃的器物，是修法时所用的法器，为西藏佛教密宗法具之一，由铃身、铃柄、铃舌三部分构成。铃上一般有各种图案装饰，上半部的图案多是一圈莲花图形，代表修持的莲花座。金刚铃的柄端有佛头、观音或者五股金刚杵形，其身内部中间有金属铃舌。金刚铃的开口部分代表着对智慧的领悟，即"阴性"度，铃舌则指"空性之音"，后者挂在刻有法相的环上。金刚铃属发音器物，常有令人惊觉、警悟之意。金刚铃的外围代表坛城外层的"宇宙圆盘"，环围着16倍数的金刚杵，或水平或垂直，象征着"金刚栏"，是坛城中不可入侵的保护圈。三层保护圈可以使坛城分别免遭大火、地震和洪水的侵害，又象征性地代表着断灭瞋、痴之毒。

在佛教仪式中，金刚铃和金刚杵经常搭配使用、互为一对，二者在金刚乘中同样重要，一般左手持铃，右手持杵。杵代表阳性，象征佛性的圆满；而铃代表阴性，直接体现佛的空性和智慧。铃本身乐音清明、祥和，有如温婉女性的抚慰。因而金刚杵和金刚铃正如两性的结合、互相补充，其象征意义反映了佛教金刚乘的阴阳二化概念，体现了阴阳和合及慈悲与智能双运的含义，富有深刻的佛性哲理。

一位阿城藏友就收藏有两只金刚铃，与《唐卡中的法器》一书中的金刚铃大同小异，看其实物应为元代遗物，如图1—3所示。因为建立元朝的蒙古族信奉藏传佛教，元世祖忽必烈从受佛戒，曾将西藏佛教第五代师祖八思巴尊为国师，统领天下佛教徒。八思巴还为元帝国创制了一种新字——八思巴文。元时凡举行法会、修建佛寺、雕刻藏经等佛事费用多由国库支出，并常给予寺庙大量田地以为供养。而且喇嘛僧享有一些政治经济特权。可见元代藏传佛教之盛行，这也是理

图1　龙纹饰金刚铃（正）

所当然地会在中国北方发现一些与藏传佛教有关的法器。

图2 龙纹饰金刚铃（背）

图3 龙纹饰金刚铃（侧）

3. 千奇百怪的法器

女真人灭掉辽国和北宋以后，中原文化迅速北移，与女真文化相互渗透、相互融合，构建了金国政府"多元一体"的治国方略，形成了佛、道、儒、萨满多教共存的格局。这些宗教各自都有自己的法事活动，在

法事活动中又各有法器，由此给这一地区遗留下不少当时的法器，其中较为奇特的是一种像工具似的铁板状法器（如图1所示）。法器的上端有一个"山"字形的尖顶，接着有一个"握把"，下面有一个大环，大环上套有四个小环，环与环之间相互撞击可以发出清脆的声音。

图1 铁质法器

还有一件法器是在一个"铁裤"上先横后竖地突出了三个戟，每个戟上都有用铁片绕成的五个环，形状更为奇特别致（如图2所示）。它们究竟属于那个宗教的法器，又是用来做什么法事活动的，目前尚不知晓。

另外还发现一口小铁钟，与众不同。这口钟的腹腔非常小，能发出声音。它应该是一种乐器，用于法事活动的乐器伴奏。但其

属于哪一教派的乐器尚不得而知，需进一步
考证。

图4　铁质法器

图2　铁质法器

图5　小铁钟

图3　铁质法器

图6　铁钟

图7 带孔铁钟

图8 带孔铁钟

图9 铁钟

4. 金兀术的大耳环

有一出京剧曲目叫《挑滑车》，演的是"岳家军"大战金兀术的故事。故事主要内容是：南宋初年，金兀术来犯，势不可当。岳飞用"激将法"激起大将高崇的勇气，一举打败金兀术，并用枪挑下金兀术的一个大耳环。金兀术仓皇逃走，在逃走时将预先准备好的铁滑车冲着高崇滑落下来，阻之追赶。高崇无路可走，只好用枪挑开滑车，挑开一辆又滑下一辆，一而再，再而三……高崇奋力连挑十余辆滑车，终因人马力尽，被滑车压死，英勇而悲壮。

剧中金兀术被高崇挑下的大耳环是圆环形状，犹如现在的手镯一般。但根据现今的"金兀术的老家"——黑龙江省哈尔滨市阿城金上京会宁府遗址出土的众多耳环实物来看，剧中金兀术戴的大耳环应该是被夸张了的。目前金上京会宁府遗址出土的大量耳环中，可分为两大类：一类是女性戴的，一般为小型，式样也多，有耳钉、耳环、耳钳等；另一类是男性戴的，一般较大，现在虽然出土不少，材质也是多种多样，如有白玉的、琉璃的、铜鎏金的等等，但是这些男性耳环大多是一个样子，大小也差不多，即多呈S形，粗如筷子一般。其中，有一个白玉质的大耳环重达6.2克，一个铜鎏金质的大耳环重达5.5克（如图所示）。不知这么粗重的大耳环戴在耳朵上是一种什么样的感觉？

根据现今出土的资料来看，白玉质的也好，琉璃的、铜鎏金的也好，都是选取贵重材料做成的，那个时候一般人是不准戴这种

图 1　铜鎏金耳环（男士）

材质的饰物的。根据《金史·舆服志》记载
金廷对金玉、琉璃等饰物使用做出明确限
制，规定庶人"不得以金玉犀象诸宝玛瑙玻
璃之类为器皿、及装饰刀把鞘、并银装钉床
榻之类"。金朝当时采用社会分级的做法，
来划分使用贵重材料的等级。所以，金上京
会宁府遗址出土的这些玉质的、琉璃质的和
铜鎏金质的大耳环都应该为贵族阶层所用。
这种形状的大耳环至今尚未发现由普通材质
做成的，难道这种形状的大耳环也只有女真
贵族才可以佩戴吗？这是有可能的，请看京
剧中的金兀术戴着大耳环，而众多的兵卒连
一个戴耳环的也没有，这从一侧面反映出社
会生活。

图 2　玉耳环（黑龙江省博物馆藏）

5. 金源地区出土精美萨满饰物

萨满教是东北地区少数民族信仰的一种
多神崇拜的原始宗教，即能晓彻神意的宗
教。早在辽朝时期，金昭祖完颜石鲁就把萨
满教立为国俗。

"萨满"是满－通古斯语，意为"知晓"
"晓彻"的含义，是巫师的专称，"因兴奋而
手舞足蹈"，即北神之人行巫法时舞姿呈现
癫狂状态。据说，萨满巫师是沟通人与神之
间关系的使者，他们主持宗教仪式时代表神
发言、传达神的旨意，是氏族中的"智者"
和"王者"，是氏族神的化身。古时的大萨
满拥有极大的权力和极高的威信。

萨满在举行宗教活动时有特制的神帽、
神衣、神鞋、腰铃，还有神鼓、神刀、神杆
等。为了增加萨满的神秘感和威慑力，这些
神器从式样到饰物都很特别，也有不同用
意。尤其在神帽、神衣和神鞋上都嵌有众多
象征意义的饰物，这些饰物因时代不同、地
域不同而有很大区别。笔者目前收集到几套
（件）萨满饰物（如下图所示），它们之间的
差别很大，但每个饰物制作得都很精美。

图 1　萨满衣饰铜铃

图 2　萨满衣饰铜铃

图 5　蝴蝶蜜蜂形萨满衣饰

图 3　萨满衣饰铜铃

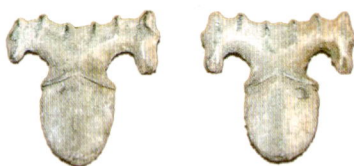

图 6　双马头形萨满衣饰

图 4　萨满衣饰铜铃

图 7　萨满饰物

图 8　双凤步步登高铜饰法器

图 11　萨满饰物

图 9　萨满衣饰铜铃

图 12　萨满饰物

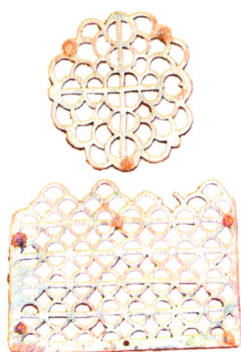

图 10　萨满饰物

图 13　萨满饰物

图 14　萨满饰物

图 17　萨满饰物

图 15　萨满饰物

图 18　萨满饰物

图 16　萨满饰物

图 19　萨满饰物

图 20 萨满饰物

图 21 萨满饰物

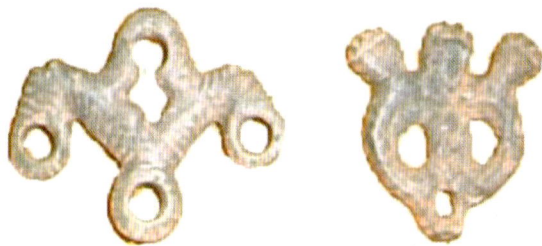

图 22 萨满饰物

金源龙形佩饰及马饰杂件

1. 曹先生的龙形佩饰及其他藏品

在东北的黑龙江省有一个叫作"阿城"的县级小城（现为哈尔滨市的一个区）。别看小城不大，可当你走进它时会感觉到它的与众不同，遗址遗迹遍布——它就是大金国肇兴之地、900多年前女真人建立的第一个都城"金上京会宁府"。金国建都前，这里曾是辽国的会宁州治所，完颜阿骨打在这里世袭了辽朝节度使，其十世先祖曾在这片土地上经营了数百年，并不断发展壮大，终在公元1115年建立了大金王朝。

阿城曾经繁盛一时，文化底蕴非常丰厚。可惜，这里仅作为金朝的国都存在了38年。海陵王完颜亮迁都燕京后将这里付之一炬。至金世宗完颜雍时又恢复重建，仍称上京会宁府，设为陪都。

公元12世纪初，大金国在这里建都后不久就灭掉了辽国和北宋，两国的大量财富迅速聚集在这里。所以会宁府遗址内出土的金代文物，无论是数量还是精美程度都是无法比拟的。

国都，是帝王们居住的地方，帝王的一切活动都离不开"龙"形，所以作为昔日国都的阿城所出土的龙形文物并不少见。在中国古代"龙"的形象是帝王们的专用图腾，因此凡带有龙形的文物都非常精美。而帝王们随身携带、随时把玩的龙形佩饰更是异彩纷呈、美轮美奂，所以收藏家们视其能藏有一两枚龙形佩饰为幸事。生长在金源故土的曹先生藏有十余枚龙形佩饰，组成了一个"龙佩"系列，材质包括青铜质和玉质两种，收藏种类亦堪称首屈一指。

提起曹先生的"龙佩"系列收藏过程真是不易，多年来孜孜以求，不畏辛苦，精益求精，才形成现今这个规模。曹先生所收藏的龙形佩饰一枚一个样，个个品相上乘。龙的形象生动活泼、多姿多彩，龙的"四肢三爪"风格为典型的金代特征，粗犷豪放的造型设计彰显大气，由此可见金初的金源地区在雕刻技艺方面已经达到了相当高的水平。参阅下图。

图1 龙形铜质佩饰

图2 龙形铜质佩饰

图3 龙形铜质佩饰

图4 龙形铜质佩饰

图5 龙形铜质佩饰

图6 龙形铜质佩饰

图 7 龙形铜质佩饰

图 8 龙形铜质佩饰

曹先生不仅藏有一批珍贵的龙形佩饰，还藏有一批精美的带饰，其中有两件铜质带銙极其精致。带銙呈方形，有边框，框内铸有凤鸟和葡萄缠枝纹。两件佩饰花纹对称，颇为生动形象。另有一件"双鹤图"带銙也很精美。双鹤一前一后为行走状，前边一只回头顾盼，似有呼唤后面一只之意。还有藏品是铜质"铊尾"三件，"笏"形，设计精巧，正面有边框。其中一只框内铸有双凤葡萄缠枝纹，两只凤鸟相对而立，似乎在谈情

说爱，展现出一幅温馨柔美的画面。另一件为"芦雁图"，几只大雁有站有飞，画面丰满生动。还有一些藏品为铜鎏金质"节约"，有的刻花很精美，有的镂空作纹饰。

特别值得一提的是"鞢韘（dié xiè）"①挂件。因为游牧民族出行时要带上一些刀、剑、砺石（磨刀石）、水壶等武器和生活用具，这些东西是要挂在鞢韘带上的，佩戴在腰带外侧，既实用又美观。这些鞢韘带饰有的呈葫芦状，有的呈吊环状，如下图所示。内蒙古自治区的一位考古工作者曾根据辽代陈国公主墓葬出土的鞢韘带残件恢复了一套鞢韘带，由此我们可以了解到辽金时期鞢韘带的全貌。

曹先生的藏品中还有一件环形吊挂件。吊挂件的上部为长方形，雕刻花纹非常精美，方寸之间展示了一幅生活气息浓郁的画面：小桥流水，桥上有两个人一前一后地边走边交谈着，小桥旁大树成荫，自然优雅的画面生动而形象，人物、景致活灵活现。参阅下图所示。

图 9 铜鎏金质带饰

———————

① 一种功能型腰带，有很强的收纳性。

图 10　铜鎏金质带饰

图 13　铜鎏金质带饰

图 11　铜鎏金质带饰

图 14　铜鎏金质带饰

图 12　铜鎏金质带饰

图 15　铜带饰

图 16　铜带饰

图 19　铜带饰

图 17　铜带钩

图 20　铜带饰

图 18　铜带环

图 21　鸟纹铜方带銙

图 22　鸟纹铜方带銙

图 25　鸟纹铜铊尾

图 23　鹤文铜方带銙

图 26　兽纹铜铊尾

图 24　鸟纹铜铊尾

图 27　铜带饰

图 28　铜带饰

图 31　带具

图 29　铜带饰

图 32　铜带饰

图 30　铜带饰

图 33　铜带饰

图 34 铜带饰

图 37 带具

图 35 铜带饰

图 38 带具

图 36 铜带饰

图 39 铜带饰

图40　带具

图43　铜带饰

图41　带具

图44　铜带饰

图42　铜带饰

图45　铜带饰

图 46 铜带饰

图 49 铜带饰

图 50 铜带饰

图 47 铜带饰

图 51 铜带饰

图 48 铜带环

图 52　铜带饰

图 56　铜带饰

图 53　铜带饰

图 57　铜带饰

图 54　铜带饰

图 58　铜饰品

图 55　铜带饰

图 59　铜挂件"秋山"

图 60　铜带饰

图 61　铜带饰

图 62　铜带饰

2.　御马当卢

"当卢"是古代马的装饰物，它被装饰在马的额头部中央偏上。当卢既是装饰物，又是权力的象征，所以它的图案和材质是不可随意使用的。

下面这件"当卢"的图案（如图 1 所示）是二龙戏珠状。在中国古代，"龙"形是皇家的专用图腾，其他人是不准使用的，所以此当卢只能是皇帝坐骑的专用饰品。皇帝使用的马匹称作"御马"，御马上专用的当卢故称为"御马当卢"。

当卢的起源目前尚无定论，山东省章丘洛庄汉墓曾出土过一件铜鎏金质的当卢。由此可以断定，当卢的起源应不晚于汉代。可是它的纹饰图案为什么在中亚或西亚地区常见呢，这是怎么一回事呢？——它给我们留下了一个未解之谜。

图 1　御马当卢

3.　天狗食月

居住在哈尔滨市阿城区白城村的一位农民，2006 年在地里劳作时挖出一个青铜质小圆环（如图 1 所示）。在圆环的上部有一朵祥云托着一弯仰月，下部卧着一只小狗，造型惟妙惟肖，制作非常精美，在金源地区出土的众多文物中也算是少有的精品。

很多人看了它的造型认为是传说中的"天狗吃月亮"，然而笔者却有不同的看法。为此笔者查阅了一些相关资料，据《北京大学研究所国学门周刊》二卷十三期《中秋日故事的传说》中有关河北保定民间传说载述："每年八月十五夜深，天上有所谓天狗神者，常于此时张口吞月。说也奇怪，这天狗神原本有口无喉，虽然口大能吞月，终不能咽下肚去，所以它含而又吐，吐而又含，一而再，再而三，轻易不肯罢休。月神不堪其扰，乃指示下界万民，为种种大声以惊之，使之速去。以故每遇是夜，民间或燃爆竹，或鼓铁锅、敲铜盆、击大鼓者，盖欲惊骇天狗，使之速去耳。"按《周礼·地官·鼓人》中"救日月，则诏王鼓"之说，知此俗由来已久。然而《淮南子·说林篇》云："月照天下，蚀于詹诸。"唐李白《古风（其二）》诗云："蟾蜍薄太清，蚀此瑶台月。"唐卢仝《月蚀》诗云："尝闻古老说，蚀月虾蟆精。"上述资料中均只言蟾蜍食月，天狗食月盖为后起之说。据《协纪辨方》卷四记载，"天狗乃丛辰名，为月中之凶神，常居月建前二辰。天狗食月，或即本此传说而演变。"

现今人们普遍认为传说中的"月食"是天狗在吃月亮，但不管古说还是今说，既然表述"天狗食月"就应该有"狗"在"食月"的动作，可是此时的月亮高高地挂在空中，小狗安静地卧在地上，并未"食月"。据《山海经·西山经》载："……有兽焉，其状如狸而白首，名曰天狗，其音如榴榴，可以御凶"，又有载："《太平御览》卷九〇五引辛氏《三秦记》云：'有白鹿原。周平王时，白鹿出此原。原有狗枷堡。秦襄王

图1　云托月卧狗铜环

时，有天狗来其下。凡有贼，天狗吠而护之，一堡无患。'此或即天狗'可以御凶'之谓。"由此看来，天狗是可以"御凶"、护"一堡无患"的，用现在的话来说"狗"是看家护院的。所以此物件描绘的不是"天狗食月"，而是述说着一种意境，描绘一幅"太平盛世"的"平安夜"景象。你看——新月高挂，（鸡不叫）狗不咬，多么恬静的夜晚呀！我小的时候，在农村过年时家家都要请一幅灶王爷画贴在厨房里。每当请回来时老人们都要先看看灶王爷画上的鸡狗是站着还是卧着的，如果鸡狗都是站着的，就说今年不是太平年，如果鸡狗都是卧着的，就说今年是个太平年。我小的时候（1940年前后），是个兵荒马乱的年月，过个太平年是非常不容易的，所以人人都渴望过个太平年。这个圆环上的画面"月明风清""戌狗静卧"，描绘的正是一个宁静的夜晚，这不也正是金初那个大动荡时期人们迫切希望和祈盼的宁静夜晚吗？！

五　金源出土的兵器

1. 西平王"銮驾"惊现于金源

所谓"銮驾"，是指古代帝王和他们的后妃们出行时跟随的"行仗"，类似今天世界各国在欢迎外国首脑或遇有重大活动时列有的仪仗队。古代"銮驾"的规模和形式，每一个朝代都根据自己本民族的习俗各有不同。如《唐会要》载，隋唐皇家专用车辇的规格多达七种，分别为大凤辇、芳亭辇、大玉辇、小玉辇等；舆有三种：五色舆、常平舆、腰舆。在中国古代乘车辇是有严格等级制度的，不同阶层所乘车辇不同。不光是所乘车辇有严格的制度规定，就连帝王和嫔妃们所穿的服饰在不同场合也是有严格要求的，如有国服、常服、田猎服之别。同样，所戴的帽子也不能一样。皇帝的冕叫作"通天冠"，皇太子的冕叫作"远游冠"……因身份不同、阶层不同，规定服饰的规格不同、

图1　山海关"把总署"陈列品

形制不同、材质不同等。至于行仗要求，对皇帝与妃子的规定更为详细具体，什么样的

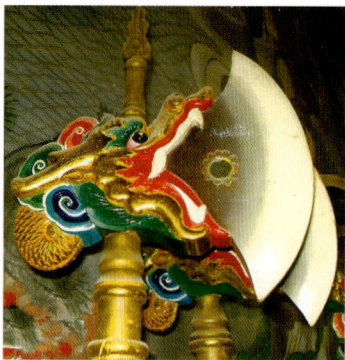

图 2　木雕博物馆钺斧

仪式活动需要什么样的规模，护卫随从、礼器材质、服装佩饰、车辇形制等都有严格的规定。例如，《金史·仪卫志》记载："行

图 3　木雕博物馆朝天镫

仗。天子非祀享巡幸远出，则用常行仪卫。……长行四百人，拳脚幞头、红锦四襹袄、涂金束带，二人紫衫前导，无执物，余执列糸骨朵七十八、瓜八十八、镫三十四……仪

镗斧五十八"；《元史·舆服志》记载："元初立国，庶事草创，冠服车舆，并从旧俗"。从史料来看，辽金元时期虽然各有各的规定，但行仗所执礼器基本一致，其中有斧、镫和骨朵等。可这些礼器是什么样子呢？因为没有实物资料谁也说不具体。近年在金源地区出土了一套"銮驾"礼器，可以说填补了这项考古空白。

这套新出土的"銮驾"礼器由多件组成，现选其中的钺斧、镫和骨朵三件加以介绍。就出土实物来看，钺斧和生活中的斧差不多，而"骨朵"则更像"锤"。这些器物大概现今只会出现在一些戏剧表演中帝王出行的场面，用以烘托气氛，显现皇家气势。三件礼器均为铁质，其中钺斧的"刃"部弧长 40 厘米、宽 25 厘米、高 34.5 厘米，斧撵

图 4　西平王铭文钺斧

5 厘米，重达 1300 克。在斧面中心位置有
"西平王"三字铭文，阳文；骨朵总长 9.4
厘米、内径 6.8 厘米，重达 425 克；镫高
49.5 厘米、面宽 12 厘米、长 16 厘米，重达
1300 克。参见下图所示。

亦都有宗室郡王被分封在这里，历史上就有
"西平郡王贤适，系出玄祖简献皇帝"（《辽
史·皇族表》）、"世祖皇帝，十子：长朵而
只王；次二皇太子真金，即裕宗也；……次
七西平王奥鲁赤"（《元史·宗室世系表》）。
根据上述史料分析，该"銮驾"礼器铭文
"西平王"当指元代西平王奥鲁赤。

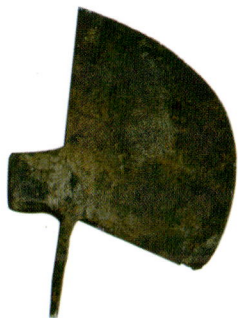

图 5　西平王铭文钺斧

图 7　铁质"朝天镫"

图 6　西平王铭文钺斧

这个"西平王"是指谁呢？至今尚无确
认。现今的哈尔滨市阿城区金上京会宁府遗
址是金国的发祥地，是金初建国设都的地
方。辽金元时期，朝廷对此地都有过管辖，

图 8　铁质"朝天镫"

图 11　铁质骨朵

图 9　西平王铭文"銮驾"

金源地区出土的这套礼器属首次发现，为我们提供了古代行仗的实物资料，为研究古代行仗制度和行仗形式提供了不可多得的佐证资料。内蒙古自治区的一位考古学家曾说过，凡带有文字的元代文物都是一级文物。这套礼器中的"钺斧"不仅有文字而且是"王"一级的铭文，它当属国家一级文物应毫无疑问了，可见其弥足珍贵和研究价值。

图 12　骨朵（黑龙江省博物馆藏）

图 10　铁质骨朵

2．一批"梭镖"首次现身

"梭镖"是什么样的？《辞海》（1999年版）上说："装有长柄的单尖两刃刀。"原始的梭镖构造很简单，把石头、木头或动物的大骨磨尖，装在木杆的一端即为梭镖头。随着生产力的发展，才改用金属做梭镖头。因其长柄上装有利尖的兵械，像"长矛"，又没有矛那样长。所以有人认为，"梭镖"与"标枪"同属一种兵器，而误写成"梭标"。

"标枪"是什么样的?《现代汉语词典》(第6版)上说:"旧式武器,在长杆的一端安装枪头,可以投掷,用来杀敌或打猎。"而"梭"字,《现代汉语词典》上说:"织布时牵扯引纬线(横线)的工具,两头尖,中间粗,形状像枣核。""镖"字,《辞海》上说:"一种暗器,形如矛头,用以投掷伤人。"如此说来,"梭镖"和"标枪"两个词四个字,除了"旧式武器"其他都扯不到一起去。

标枪是人类发明的最古老的武器,之后发展成为更具杀伤力的弓箭。梭镖是介于标枪和弓箭之间的另一种武器,因其灵活而得到广泛应用。

"梭镖",如果单纯从字面上理解,就应该是像"梭"一样的"镖"。"镖"和"标"根

图 1　铁梭镖

图 2　木制织布梭

图 3　枣核形铁镖

本就不是一回事,"梭"和"枪"更不搭界。

最近,金源地区出土了一些真正的"梭镖",它们外形似"梭",可以投掷,长度只有 29 厘米,"腰"部最宽处也只有 2.7 厘米,一头"燕尾形",或曰"扁铲形",另一头呈圆锥形。梭镖因其体积小可以放在暗处,是金代一种灵活实用的可以投掷的"暗兵器"。

梭镖制成织布梭的形状,是经过人们长期实践、根据经验精心设计制作的。它的一头呈燕尾形,犹如箭尾上的翎毛,和设计在镖体上的两面四条纵向凹槽共同用于稳定镖体的飞行方向。它的另一头呈圆锥形,可以更有效地杀伤敌人。

真是无独有偶,这样的梭镖在黑龙江省五常市也出土了不少,与上述那

只梭镖大同小异，只是略简单了一些，镖体上的凹槽、燕尾形锥头一样不少。更为奇特的是，同时还出土了一些奇形怪状的"梭镖"。其中的一个呈中间粗两头细状，像两头尖尖的"枣核镖"。另一个呈四棱状，约在体长的三分之一处收为"亚腰"，用以稳定飞行方向。最让人不可思议的是，有一只横向看类似现代的飞机形状，从尖部开始越往后越宽，接近尾部时突然变窄了。镖体呈流线型，尾部呈扁方形，二者就像一组"舵"共同稳定"飞机"的飞行方向。因为这种镖形有"舵"，索性我们称之为"舵镖"吧。如图所示。

从金源地区出土的这些式样各异的铁镖来看，说明在金代该地区是大量使用这种镖的。这种镖外形体积小，使用方便，而且

图4　各类铁镖

图5　各类铁镖

可以大量携带，是一种和长兵器配合使用的、有效且实用性很强的"暗兵器"。

这批文物的出土不仅纠正了误传了几千年"梭镖"就是"标枪"的误会，还成批地发现了金代的"暗兵器"，大大地丰富了我国"冷兵器"武库的内容，应是一大幸事。

更为有趣的是，标枪"枪头"这次也有出土，如图7、图8所示。它与现今还在运动场上广泛使用的标枪枪头大不相同，它是一个有"裤"的、呈不规则形的锥状体，一面较平直，另一面有点弧度像"鸟喙"。枪头整体较短，只有18厘米，但显"粗壮"，枪头底部直径有3.5厘米，既可增强力度又能稳定重心，是一件很科学、实用的兵器。

梭镖和标枪枪头的实物相继出土，有力地说明了"梭镖"就是"梭镖"、"标枪"就是"标枪"，它们是两种截然不同的兵器，一明一暗，一长一短。"梭镖"就是像织布梭一样的"镖"，体积很小，是"暗器"，可以大量携带。而"标枪"是一种"枪"，"枪"即"矛"也，有枪头，要安装在很长的一根枪杆上才能使用，连头带杆很长，是

在出土的各种铁镖中还有一种"飞镖"，它不但很尖，而且在一侧"开"有刃口，另一侧是"背"，整体看很像一把尖刀。刀背最宽处达7厘米。最长的飞镖长约42.5厘米，小的飞镖也约长38厘米，其中有11厘米长的"握把"，底端弯卷成一个扁平"圆饼"，用以增加推力。圆饼中间有一个小孔，可以将丝绸等物穿进去，既可以稳定飞

图6　铁枪（残件）

"明器"，不易大量携带。从出土实物来看，这两种兵器无论如何也扯不到一起去。历史上不知出现了什么状况，竟然把这一明一暗、一长一短，形状和用法都截然不同的两种兵器说成了是一种，这一遗物的出土即可以消除这一误会了。

行方向，又可以起到威慑作用。这种"飞镖"不仅可以杀伤敌人，还可以"飞镖传信"。电影中常见镜头：从院外将写好的信件牢牢地"钉"在院内建筑物的梁上或柱上。这种飞镖因为一侧有"刀刃"，所以又可以称为"飞刀"。

图7　枪头

图 8　铁标枪枪头

图 9　铁标枪枪头

图 10　铁标枪枪头

图 11　航镖

图 12　铁镖

图 13　飞镖（飞刀）

3. 攻防两用兵器"梢子棍"

金源地区出土了攻防两用兵器"梢子棍",如图1、图2所示。

梢子棍,又称连枷棍,即在一根长棍上用一个链条将一截短棍连接,犹如农民"打场"用的连枷棍,可以使力改变方向,增加力的强度,威力变大。棍体的长度可长可短,根据需要而做。

梢子棍不仅步兵可以用,骑兵也可以用,因此它的历史很悠久。《墨子·备蛾传》记载,当敌人附借云梯、密集如蚁,缘城墙而上时,用火烧之,用连筳击之。这里所说的"连筳",就是俗称的"梢子棍"。早在春秋战国时期梢子棍就被用来守

城了。唐代杜佑也在《通典》中记载:"'连挺'如打禾连枷状,打城墙外上城人。"可见持这种兵器的人能在墙内打到墙外的敌人,是很有效的守城兵器。

到了金代梢子棍不仅用来守城御敌,还是一种马上用的重要兵器。据《武经总要》记载:"铁链夹棒,本出西戎,马上用之,以敌汉之步兵,其状如农家打麦之连枷,以铁饰之,应用自上击下,故汉兵善用者巧于戎人。"另据传,宋代名将狄青的骑兵就曾用连枷"梢子棍"大破敌兵。狄青的骑兵破步兵用的可能是经过改进的、适于马上用的体积小的"手梢子"。

金源地区出土的这种梢子棍,推断可能是类似于宋代狄青骑兵使用过的那种"手梢子"。此推断尚待进一步考证。

图1　手梢子

图2　手梢子

4. 金代"鹿角钩"

金源地区曾出土一种短兵器"鹿角钩"，见图1所示。整个外形看起来就像一只鹿角，由三只小钩组成，呈两正一反状，设计非常合理。

"鹿角钩"，顾名思义，钩身上有鹿角形铁刺，是一种古老的冷兵器。最近中央电视台报道云南省有个古兵器收藏家，其手中也有一个"鹿角钩"。古兵器中的鹿角钩，一南一北先后现身，应该是一种奇缘。二者相隔万里，说明这种兵器不仅历史悠久，而且使用地域也很广泛。

图1　鹿角钩

5. 春捺钵猎具连锤和刺鹅锥

金源地区首次发现辽金时期春捺钵专用猎具连锤和刺鹅锥。① 《辽史·营卫志》记载："……辽国尽有大漠，浸包长城之境，因宜为治。秋冬违寒，春夏避暑，随水草就畋渔，岁以为常。四时各有行在之所，谓之

'捺钵'。"在《辽史·营卫志·行营》"春捺钵"条中是这样描写的："曰鸭子河泺。皇帝正月上旬起牙帐，约六十日方至。天鹅未至，卓帐冰上，凿冰取鱼。冰泮，乃纵鹰鹘捕鹅雁。晨出暮归，从事弋猎。鸭子河泺东西二十里，南北三十里，在长春州（今吉林省扶余县塔虎城东）东北三十五里，四面皆沙埚，多榆柳杏林。皇帝每至，侍御皆服墨绿色衣，各备连锤一柄，雁食一器，刺鹅锥一枚，于泺周围相去五七步排立。皇帝冠巾，衣时服，系玉束带，于上风望之。有鹅之处举旗，探骑驰报，远泊鸣鼓。鹅惊腾起，左右围骑皆举帜麾之。五坊擎进海东青鹘，拜授皇帝放之。鹘擒鹅坠，势力不加，排立近者，举锥刺鹅，取脑以饲鹘，救鹘人例赏银绢。皇帝得头鹅，荐庙，群臣各献酒果，举乐。更相酬酢，致贺语，皆插鹅毛于首以为乐。赐从人酒，遍散其毛。弋猎网钩，春尽乃还。"这里生动地描绘了辽代皇帝"春捺钵"的情景。

金代的皇帝基本沿袭了辽代"捺钵"的旧制。参加"春捺钵"活动者各有分工，侍御们皆服墨绿色服，相去各五七步将"泺"团团包围排立，皇帝冠带整齐于上风望之，

---

① 捺钵，契丹语，意为行宫、行营、行帐，为辽朝帝王出行时之行宫或临时居住处。辽帝一年四季巡幸于春、夏、秋、冬四时捺钵之间（即所谓"春水秋山，冬夏捺钵"），政务皆在捺钵中处理。捺钵之地实为辽国的政治中心，最高统治者所在地。春捺钵为捕猎天鹅、钩鱼及接受女真部落酋长的朝贺。每当春捺钵时，都要放海东青捕捉天鹅、大雁。海东青学名鹘，是一种猛禽，能高飞且速度极快。当海东青击鹅坠地时，即用刺鹅锥将鹅刺死，并举行"头鹅宴"，获头鹅者受奖赏。

有鹅处举旗，探骑驰报，远泊鸣鼓。鹅惊腾起，左右围骑皆举帜麾之，"五坊"擎进海东青鹘，拜请皇帝放之，待鹅被海东青鹘擒住实力不佳往下坠落时，排立近者便举锥刺鹅，取脑以饲鹘。这里提到的扑鹅器具只有两件，"连锤"和"刺鹅锥"，看来这两件器物是专门为春捺钵时"扑鹅"用的，可它们究竟是什么样子的，史无明载，最近在金源地区发现了几枚刺鹅锥和一柄连锤。

几枚刺鹅锥的式样大同小异，如图所示。其中"锥"最长者在 35~38 厘米，中间最粗处 1.3~1.5 厘米，一头非常尖，另一头为四棱状，可能此处当时是安柄用的。在靠近四棱处有一"亚腰"，类似"剑挡""刀挡"，这种锥就是现在使用起来也非常得心应手，应是刺鹅锥无疑。

图 2　连锤

图 3　连锤

图 1　连锤和刺鹅锥

另一件是连锤。连锤整体呈梨状，在"脐"部有一"乳"，另一端有一"鼻孔"，孔上穿有铁环，估计当时有环环相扣的一条长链，故名"连锤"。

图 4　连锤

两件器物的出土让我们看到了辽金时期

"春捺钵"（春水）所使用的刺鹅专用器具，非常珍贵。

金代帝王沿袭了辽代帝王的捺钵制度，但捺钵地区却不相同。辽金时期"捺钵"一词由行营、行帐的本意逐渐引申为帝王的四季渔猎活动，金代即所谓的"春水""秋山"。金代诗人赵秉文曾随从金章宗完颜璟"春水"捺钵，并赋写《春水行》："光春宫外春水生，驾鹅飞下寒犹轻。绿衣探使一鞭信，春风写入鸣鞘声。龙旗晓日迎天仗，小队长围圆月样。忽闻叠鼓一声飞，轻纹触破桃花浪。内家最爱海东青，锦鞲掣臂翻青冥。晴空一击雪花坠，连延十里凤毛腥。初得头鹅夸得隽，一骑星驰荐陵寝。欢声沸入万年觞，琼毛散上千官鬓。不才无力答阳春，羞作长杨侍从臣。闲与老农歌帝力，欢呼一曲太平人。"形象逼真地描绘了"春捺钵"猎鹅活动的生动场面。

6. 龙凤纹刺鹅锥银把套

刺鹅锥是辽金时期帝王举行春捺钵时的必备猎具之一。刺鹅锥多为铁制，因其越尖越好，所以制作得相对较细。这样手持锥把时就不易握紧，需要用一个"套子"套在上面，以增加锥把手握部分的适应性。

目前在金源地区发现一件银质的刺鹅锥把套，让我们可以"一饱眼福"了。如图1至图4所示。

此刺鹅锥把套为银质，以龙凤纹为主，所以它应该是皇帝的御用之品。其一端为封闭型，另一端开口如鱼嘴状，可用来调节松紧度。

曾有天鹅纹玉质刺鹅锥出土，雕刻得十分精美。而此银质刺鹅锥把套亦制作得精细无比，是一件不可多得的珍贵艺术品。

图 1　银质刺鹅锥把套

图 2　银质刺鹅锥把套

图 3　银质刺鹅锥把套

图 4　银质刺鹅锥把套

7. 无奇不有的各类兵器

在金源地区出土了大量各式各样的兵器，正应了那句古语"十八般兵器样样齐全"的说法，诸如刀枪剑戟、斧钺钩叉等应有尽有。本文选取一些不常见的兵器公示于众，以丰富我国古代"冷兵器"武库的内容。

（1）奇异的短剑

在金源地区出土了一件非常奇异的"短剑"，如图1所示。它的奇异之处首先是总体长度，剑体有50厘米的长度。说它是"短剑"却长了一点，说它是"宝剑"又略显小了一些。剑体一侧有圆弧形钝尖。说它是"剑"吧，却有圆弧形的钝尖；说它是"匕首"，又长了一点。虽然"短剑"和"匕首"都可

图 1　特异型短剑

图 2　各种铁剑

图 3　铁剑

统称为"匕首"，但人们习惯地认为剑尖锐利的为"剑"，剑尖呈圆弧状钝尖的为"匕首"。说它是"单剑"，只在一面有"剑挡"。说它是"双剑"，两面又都有"剑脊"。最奇特之处是它的握把底端（剑首）竟然是四面体倒角，形成了十二面体的构型，一种类似螺丝帽的形状，这在宝剑家族中尚属首见。其他出土铁剑见图2—3。

另外，从它的外观形制来看，它又像是"令剑（箭）"，犹如京剧《四郎探母》中铁镜公主在萧太后那里盗来的"金鈚剑"及许多剧目中元帅传将令时用的"令剑（箭）"。曾观看一部以金代为背景题材的传统剧目京剧《佛手橘》，那里面就有很多大大小小不同的"令剑"，其中最大的一种叫"木卡大令"，它与金源地区出土的这件不知名的器物很相似。这样看来，金源地区出土的这一"短剑"，或许就

是金代的"木卡大令"。如果这种推测是真的话，那么又在古代兵器考古中填补了一项空白。说它是"木卡大令"还有一个主要的依据，就是它的"剑挡"是单面的，我们可以分析推断：它应该另外还有一件和它方向相反的同样的剑，即合而为一的"雌雄双剑"。也就是说，还有另外一件可以和它"堪合"的剑，因为传令剑（箭）通常是一半交给受令者，一半留在传令者手中，用以辨别真伪。因此说它是"令剑""兵符"或"木卡大令"完全有可能的。尚需进一步求证。

（2）形状各异的短刀

在古代兵器中司空见惯

的短刀大多是一些朴刀、砍刀、柳叶刀、鬼头刀什么的，最近在金源地区出土了一大一小两把短尖刀，如图所示。其中，大一点的通长65厘米，刀刃长度47厘米，最宽处有6厘米，厚度相对较薄，只有0.7厘米；小一点的通长41厘米，最宽处有2.6厘米，厚度同样也是0.7厘米。刀体形状美观大方，非同一般。

（3）判官笔

在金源地区出土的众多兵器中，有一种铁质的酷似书写用的毛笔状兵器，名叫"判官笔"。通长约40厘米，使用起来可打可扎，运用自如，携带方便，是一种很实用的便携式兵器。如图8所示。

图4　战刀

图5　战刀

图6　战刀

图7　佩刀

图 8　铁质兵器"判官笔"

（4）半截剑

在金源地区还出土一件让人看不懂的"兵器"。说它是"剑"吧，却只有"剑尖"的那一端，没有任何可以持握的地方，只在横断面的中部有一个圆孔，真不知道其具体用途？根据外形推测此器可能是由多个这样的东西一起插入木板中制作成像"地刺"一样的兵器，用于阻止敌人进攻的防御兵器。有待进一步考证。如图9所示。

袭，比如放置一些"鹿角钩""铁蒺藜""地刺"等。"鹿角钩"至今还在使用，古今变化也不算太大。"铁蒺藜"有四只脚，每只脚约有4厘米高，不管怎样滚动总有一只脚方向朝上，其余三只脚则稳稳地支撑。它是一种既方便又轻便、实用性强的障碍器物，如图10所示。"地刺"却非常少见，曾在金源地区出土过一件"地刺"，即在长32厘米、宽14厘米的铁板上分布着8根长刺，下粗上尖。还有酷似鱼刺的"倒戗刺"，应该是一种杀伤力极强、防卫效果极好的障碍器物。如图11所示。

图 10　铁蒺藜

图 9　半截剑

（5）地刺、铁蒺藜

在古代，城池的防卫或大军在"沙场"宿营时都要布置一些障碍物，以防止敌方偷

图 11　地刺

（6）头盔

在金源地区出土了不少"铁甲"碎片和门钉，大部分已锈蚀得不能恢复原样，出土的"头盔"却很少，这里选取一件较完整的头盔供大家参考，如图 12 所示。

通过这顶铁头盔我们可以知道，"盔"并不像舞台上那些将帅们所戴的"金盔"，好像按照人的头部量身定做的，应和现代军人所戴的"钢盔"差不多。

图 14　门钉

图 12　铁头盔

图 15　门钉

（7）大小不同的各种大锤

有一出传统京剧曲目《八大锤》，演义的是"岳家军"和金兀术打仗的故事。剧中有四员大将每人各使用两只大锤，四人共八只，故得名《八大锤》。故事内容的真假无关紧要，但却说明了在宋金时期"大锤"是很普遍的兵器。金源地区也不断有各式各样的大锤出土，是一个很有说服力的实证。这些锤有的素面无纹，有的刻有纹饰，花纹图案又各不相同；有的呈方形，有的呈圆形，有的呈多棱多角状；还有满身多刺的"锤狼牙"，不胜枚举。有些锤不仅是兵器，还是礼器，称作"骨朵"或"金瓜"，如图所示。

图 13　铁头盔碎片

图16　骨朵

图19　铁锤

除了这些大锤，金源地区出土的各式各样的兵器更是五花八门，"刀枪剑戟，斧钺钩叉，鞭铲锤抓"，甚至还有一些叫不出名字的兵器，真可谓"十八般兵器样样俱全"。其中最为奇特的是一支人头形响箭头，它有"鼻子"有"眼睛"，非常生动形象，如图所示。

图20　铁钺

图17　方头带孔铁锤

图18　蒺藜锤

图21　铁钺

图 22　单耳树枝纹钺斧

图 25　人头形响箭头

图 23　单耳树枝纹钺斧

图 26　铁器

图 24　人头形响箭头

图 27　"破门"大铁铧

图 28　机弩

图 29　铁叉

图 30　铁钩

图 31　三股钢叉

图 32　两股铁叉

图 33　三股钢叉

图 34　两股铁叉

图 35　响箭头

六 金源辉煌的冶铁业

有史学家研究发现，女真人迅速崛起的一个重要条件就是女真人掌握了先进的炼铁技术，成就了辉煌的冶铁业。金源地区现在仍保留有不少的金代冶铁遗址，经文管部门实地调查，查明金代冶铁遗址是以哈尔滨市阿城区小岭镇的五道岭为中心，跨越三区县的两百余里。在这个范围内发现了金代矿井10 余处，炼铁遗址50 余处，还发现了大量的冶铁工具及门类繁多的铁器。近年来随着考古的深入，以及大规模的生产生活活动，又发现了不少"精品"铁器，它们工艺精湛、风格独特，透射出浓厚的民族气息。本文选取一些极具代表性的铁器介绍给大家，从中可以看出金代的冶铁业是多么的辉煌，炼铁技术是多么的高超，铁制品的种类是多么的丰富，制作工艺是多么的精湛，制作风格是多么的独特。

关于铁的起源，随着考古工作的不断深入，发现冶铁起源于西周而不是过去认为的春秋时期。经过长期发展，到了唐代冶铁技术达到了一个很高的水平，如世界闻名的"唐刀"就是这个时代的代表作。"唐刀"的制作技术早已失传，直到现在制作水平也没有超越"唐刀"。

铁的发现为我国的农业发展起到了决定性的作用，所以冶铁业在我国的"农耕区"经过了两千多年的发展，创造出了辉煌的"农耕文明"。女真族原本是一个游牧渔猎民族，居无定所，据《金史》记载，女真完颜部的先祖绥可因不满足于游牧渔猎生活，率部众于按出虎水（今阿什河）之畔的海古水（今阿什河支流海沟河）一带安家。定居后的完颜部，首先认识到"铁"在生产生活和军事等方面的非凡作用，于是很快就"引进"了冶铁技术，用于制造各种器具、舟船、弓矢和一些兵器等。从此，女真完颜部在这片富庶的土地上繁衍生息、发展壮大，逐渐统一了各部落。

完颜部的发展壮大，也是冶铁业和农业发展的结果。一个强大的民族（部落）没有钢铁和粮食作后盾是强大不起来的，那个时期完颜部的冶铁业和农业究竟有多么发达，下面介绍一些金朝时期遗留下来的非常精湛的农具，以作了解。

1. 种类繁多的铁犁铧

铁犁铧最早出现于我国的战国时期，是农业生产中传统的耕翻农具。铁犁铧的发明是一个了不起的成就，它标志着人类社会发展的新时期，也标志着人类改造自然的斗争进入一个新的阶段。铁犁是中国传统农业生产中最具代表性，也是最重要的农具之一，不仅金代如此，就是在当今我国大部分地区仍然使用铁犁耕作。

令人惊讶的是，在金代那种科技相对落后的条件下，竟然能够制造出各种大小不同、形状各异的铁犁铧。大的铁犁铧通长40厘米、宽32厘米、高17厘米，约有5千克重。小的犁铧子（耩铧、豁子）只有五六厘米长。较为奇特的是，有一些铁犁铧上面铸刻不明晰的图案或文字，或是二者兼有。更为惊奇的是，有的铁犁铧上面居然制作成一个人面的形象，有鼻子、有眼睛，图案简单明快，既朴素又活泼。这算不算是金代的"饕餮纹"呢？更有意思的是，有的小铁犁形似当今的"小飞机"。参阅下图所示。

这些千奇百怪的铁犁铧究竟是做什么用的，我们不得而知。据《金史·礼志》记载："国初即位仪。收国元年春正月壬申朔，诸路官民耆老毕会，议创新仪，奉上即皇帝位。阿离合懑、宗翰乃陈耕具九，祝以辟土养民之意。"此人面形铁犁铧就应该是金朝开国盛典时阿离合懑等人献给金太祖完颜阿骨打的祭祀礼器。笔者认为这种礼器应该有9件，故费了九牛二虎之力去收集，目前也只收集到7件（这应该算是幸运的了）。另

外，犁铧在藏传佛教中被看作是圣物、佛教法器，普巴金刚手中就握着一只犁铧。据诺布旺典编著的《唐卡中的法器》一书中说："犁铧有的近似锄头，也有三角形和锥形的，一般为铁制，是农业中犁地的工具，用于开垦。它和镰刀一起使用，象征着播种和收获的善业。作为佛教的武器，它多半和地下、冥间神发生关系，象征着神灵具有摧毁或'颠覆地下世界'、龙众界和其他地下生灵的能力，本尊阎魔敌的众多左手中握着一只犁铧，象征着这位神对'业'的控制。中阴界的几个饮血金刚的左手里也握有犁铧，它象征性表明死亡与转世之间的'中阴状态'。这与犁铧地面和地下活动的特点有相关性。"下面将部分介绍金源地区出土的形状各异的铁犁铧。

（1）图腾文字铁犁铧

图腾文字铁犁铧，如下图1、2所示。犁头铁质，犁口锋利。通长24厘米，宽23厘米，厚9厘米。

图1　图腾文字铁犁头正面

（2）人面形铁犁铧

人面形铁犁铧，犁头铁质，犁口锐利。

图 2　图腾文字铁犁头背面

通长 21 厘米，宽 24 厘米，厚 8 厘米，是金源地区发现的开国祭祀礼器。如图 3、图 4。

图 3　人面形铁犁头正面

图 4　人面形铁犁铧背面

（3）其他各异铁犁铧

金源地区还出土了一些形象各异的铁犁铧，参阅下图所示。

图 5　人面形铁犁铧

图 6　铁犁铧

图 7　人面形铁犁铧

图 8　人面形铁犁铧

图 11　人面形铁犁铧

图 9　人面形铁犁铧

图 12　人面形铁犁铧

图 10　铁犁铧

图 13　人面形铁犁铧

图 14 人面形铁犁铧

图 17 人面形铁犁铧

图 15 铁犁铧

图 18 人面形铁犁铧

图 16 圆孔大铁犁铧

图 19 圆孔大铁犁铧背

图 20　铁犁铧

图 21　小铁犁铧

图 22　形似飞机的小铁犁铧

2. 铸造模具铜铸范和铁犁镜

2011 年在黑龙江省五常市北土城村出土了两套铸造犁镜（也有人称"犁碗"）而使用的铜铸范。犁镜是耕犁的重要部件，安装于犁头的上方，用以翻土，因常与土块相摩擦致使表面光亮，故得名。

金源地区出土的这两套铜铸范虽说是工具，但制造精美，堪称是两套非常大气的艺术品。其一铜铸造范通长约 41 厘米、宽约 28 厘米、厚约 5.2 厘米，上下两片合重约 17.7 千克。最为珍贵的是，下面两片各铸有 8 个女真字铭文，如图 1 至图 4 所示。据《大金国第一都》一书介绍，在此之前的数百年中总共发现女真文字有 1373 个，而且大多不是在金源地区发现的，基本是刻于石碑上，此次在金源地区出土的铜器物上发现女真文字尚属首例。经核查金启孮先生撰写的《女真文辞典》一书，只查到有两个字与犁范上女真文字相似，其中有一个似"日"字和一个似"木"字。似"日"字的那个字根据《女真文辞典》上的解释为："日"字的读音和汉语"日"字的读音不同，但字的意义与汉语相近。而"木"字的字音字义都与汉语不同，女真文中像"木"的字有些类似"哈"字的意思。铜铸范上的这些铭文到底是什么意思，尚不得而知。但不管如何它确实是在女真人的发祥地金源地区发现的，则是一大突破。另外两个铁犁镜上分别铸有两个汉字铭文，如图 6 至图 11 所示。下面的那个字与"阳"字相似，只是写法略有不同，左侧太小右侧太大，按汉字的书写规律感觉很不协调；上面的那个字是"綦"字。这两个汉字表达的是什么意思，不得而知。

另一个铁犁镜上铸的两个汉字，上面的那个不太清晰，像是个"利"字，下面的那个是汉字中的"市"字。如图6所示。铁犁碗和铜铸范虽然是农具和制造农具的工具，但因铜铸范上铸有难得一见的女真文字，使其具有极高文化价值和研究意义。从另一侧面也表明金代女真文字使用的广泛性，就连民间农民耕地用的农具上都铸有女真文字，可见一斑。

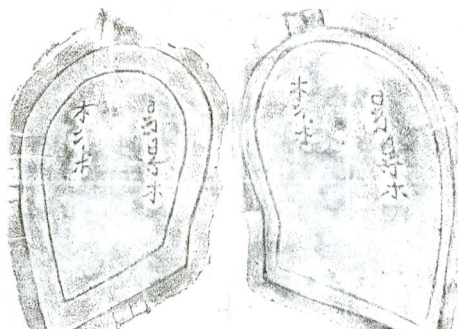

图3　女真文铜铸范拓片

图1　铜铸范正面

图4　女真文铜犁碗铸范右撇

图2　铜铸范背面

图5　女真文铜犁碗铸范左撇

图 9 女真字铭文铁犁镜

图 6 铭文铁犁镜正

图 7 铭文铁犁镜

图 10 女真字铭文铁犁镜

图 11 铁犁镜

图 8 铁犁镜背

图 12　月牙形铁犁

图 15　小铁犁铧

图 13　铁犁铧

图 16　铁犁铧

图 14　小铁犁铧

图 17　铁犁范

图 18　小铁犁铧

图 19　小铁犁铲

图 20　三角眼铁犁铲

图 21　月牙形铁犁铲

3. 品类繁多的炊具

在金源地区还出土了品类繁多的炊具，不仅有铁质的，更多的则是铜质的。可见那个时期不仅冶铁业发达，铜的冶炼技术同样发达。在哈尔滨市阿城区"皇城"遗址的西南方不远处就有一个金代铸铜冶炼遗址，曾出土过如"隆安府合同"印和"昏钞讫毁印"等一些珍贵文物。而出土的炊具更是种类繁多，形状各异，用途各异，有民用的炊具、也有军用的"铜釜"。炊具大小不同，有的直径达 150 厘米，做一锅饭可供上百人食用，小的直径只有 20 多厘米。炊具形制不同，有的是"双鼻儿"锅，有的是"三鼻儿"锅，有的是双耳锅，有的是四耳锅，还有较少见的六耳锅；有的有"脚"，有的无"脚"，有的是"弯腿脚"；有的是带"屉"的蒸锅，既有一层屉的也有两层屉的。如图所示。

金源地区不仅出土了大量炊具，也出土

了一些做"蒸馏酒"用的烧锅，如图所示，
这为研究金代的酿酒业乃至金代的工商业提
供了有力的实物佐证。

图1　铁烙子

图2　有耳铁烙子

图3　有耳铁烙子

图4　圆形铁烙子

图5　铁烙子

图6　四耳铁烙子

图7　圆形铁烙子

图 8 铁烙子

图 12 铁烙子钩

图 9 双耳铁烙子

图 13 六耳铜釜

图 10 方形铁烙子

图 14 六耳铜釜

图 11 方形铁烙子

图 15 铁釜

图 16　四耳铜釜

图 17　四耳铜釜

图 18　带屉蒸锅

图 19　铁釜

4. 琳琅满目的日用器皿（杂件）

在日用器皿中"锅"是一个大家族，已在前面炊具中作了专题介绍。除锅以外，还有一些诸如火盆、瓶、壶、熨斗之类的日杂器皿，这里选取几件不太常见的介绍如下。

（1）火盆

金源地区地处寒带，冬季最冷的时候能达到气温 – 40℃ 以下，这样的环境没有取暖设备是无法"过冬"的。古时最实用的、最普遍的取暖设备就是火盆，它轻便、灵活，可以随意摆放在任何地方。取暖用的燃料一般就是木炭，木炭燃烧时烟比较少，火力相对较强。在那个时代木炭属于"环保"燃料，所以用火盆取暖在古时很受欢迎，因此普及使用。

古时普通的火盆就像是一个铁锅加了"三只脚"，这种火盆散热功能较差，木炭燃烧时也不容易形成"对流"，燃料燃烧得不充分。后又有一种改良型的火盆，可以解决这个问题。这种火盆的外沿特别低，就像是一个盘子，能够使燃料充分燃烧，但安全性不强。因此在火盆的外围又加上一个镂空的花筐状的"炭筐"，既解决了散热问题又增加了美感和安全性，如图1至图8所示。

还有一些农具、用具等出土，琳琅满目、五花八门，它们虽然古朴笨拙，但却真实地记录了金代冶铁业的发展，对我们研究金源地区的工农业发展史提供了珍贵的实物资料。

图 2　火盆

图 3　火盆

图 1　火盆

图 4　火盆

图 5　铁火盆

图 8　火篓式火盆

图 6　铁火盆

图 9　铁壶

图 7　火篓式火盆

图 10　铁壶

图 11　铁壶

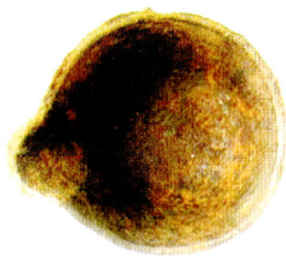

图 15　铁钳锅

图 12　铁碗

图 16　铁剪子

图 13　铁斧

图 14　铁斧

图 17　铁铲

图 18　铁铲

图 19　铁铲

图 20　铁铲

图 21　铁镐头

图 22　铁刷

图 23　铁铲

图 24　铁锄头

图 28　铁铡刀

图 25　马镫

图 29　铁锤

图 26　铁杂件

图 27　铁杂件

图 30　铁锤

七 金源出土的"度量衡器"

1. 金源地区出土的量器

度量衡，是指在日常生活中用于计量物体长短、容积、轻重的物体的统称。所谓"度"，计量长短用的器具称为度；所谓"量"，测定计算容积的器皿称为量；所谓"衡"，测量物体轻重的工具为衡。古代商鞅变法前，秦国各地度量衡不统一。为了保证国家的赋税收入，制造标准的度量衡器，要求全国统一施行。到了秦始皇时代，实现了度量衡的统一。

量器是封建社会计量农产品多少的主要器具，因此容量的计量产生最早，有升、斗、斛、豆、区、釜、钟等专业名称。距今5000年前的大地湾仰韶文化遗址曾出土一组陶质古量器，是迄今为止我国发现最早的量器。这套陶质古量器主要有泥质槽状条形盘、夹细砂长柄麻花耳铲形陶抄、泥质单环耳箕形陶抄、泥质带盖四把深腹罐等。这些度量衡器具的发现，将中国度量衡实物史提

前了二三千年，也为研究我国古代分配制度、度量衡史等提供了珍贵的实物佐证。

原北京故宫博物院院长、我国近代考古学的先驱马衡先生在他所著的《中国金石学概论》一书中说："前人之考古量者始自嬴秦，然维县陈氏（介祺）所藏左关釜二、左关吴一，实则量也。"并对这两种度量衡器物进行了具体描绘："釜形如罂，小口大腹，腹有两柄可持而倾，今之斗斛，两旁有柄，诒亦有所仿也，吴字不可识，器形如半匏而有流……"

近年在金源地区出土了一批"小口大腹，腹上有柄，可持而倾"的各式各样的类似"釜"的器物。其中不仅有"腹有两柄"的（如图1所示），也有"腹有三柄"的（如图2所示），还有"腹侧无柄"的（如图3所示）。这些"釜"有一个共同特点，就是都有"三只脚"。而且这些"脚"除有一例是"弯腿脚"（如图3所示）外，其余的都像是"爵"上的三只"脚"。这就不同于一般意义上的"釜"了，应该是马衡先生称为"量器"的那种"釜"了。

　　古时"釜"是用来蒸、煮东西的，蒸煮就要烧火，"釜"架在火上通常是底部没有多余东西的，这样受热快，如果加上三只脚会影响受热面积。后来用于量器的"釜"，是要将所量之物置于容器中，这就需要稳稳地直立住、支撑住，即有三足鼎立的"脚"。所以同为"釜"，有的有足、有的无足，因用途不同而略有区别。如下图所示。

图1　三足两耳铁量器

图2　三鼻铁锅

图3　弯腿三足铁量器

图4　三足铁量器

图5　三足铁量器

图 6　三足两耳铁量器

图 9　三足两耳铁量器

图 7　三足两耳铁量器

图 10　三足两耳铁量器

图 8　三足两耳铁量器

图 11　三足两耳铁量器

图 12 两耳鼻铁锅

图 15 两耳釜

图 13 三足两耳铁量器

图 16 两耳釜

图 14 两耳釜

图 17 战国时期铜釜

（上海博物馆藏）

图 18　陶釜

图 19　两耳釜

图 20　陶罐

马衡先生在他的《中国金石学概论》一书中还提到："汉以后量，未见流传。后世斗量之以木制，或即始于后汉三国时也。""量器之斗，大率有柄，其字亦象形。故凡器之以斗名者，如酎酒之斗及鐎斗、熨斗等，皆莫不有柄。北斗七星，亦正象器形。古人命名之旨，可类推而知之。""又古盛酒诸器，皆有一定之容积。以器计之，无烦料量。"

"斗"是中国古代一种盛装器具，有柄，口大底小，后引申为量器。在金源地区就出土了一些类似这样可作为量器的"斗"，有熨斗（如图所示）、鐎斗（如图所示）。其中，铜鐎斗有两个（有柄，有流），铜熨斗有一个（无流，只有柄），铁熨斗有一个（无流，只有柄，冠部内侧有类似英文字母式的几何形花纹）。斗的外面有凸弦纹，内部有凹弦纹，腔内上粗下细，凹弦纹以下的容积大约 500 毫升。以上这些"斗"都应该是金代的一种温酒器具。

此外，金源地区还出土了一些大肚、长颈、小口的"斗""壶"（如图 32、图 33 所示），它们也都是温酒器具。这些"斗""壶"有一定的容积，喝酒时用它们将酒温热再喝，并以"斗"或"壶"来计量。古时有"喝凉酒、花赃钱早晚是个病"的说法，所以要将酒温热了再喝。喝酒时用"斗"或"壶"来温酒，喝完后按"斗"或"壶"计数结账。这种生活习俗一直流传至 20 世纪末，如今在一些农牧区仍可见到。这种形式结账计算酒钱，既方便又实用。

金源地区出土的"斗""壶"，与《西清古鉴》一书所载的"汉斗""汉壶"相比较，其形状基本一致，如图 23、图 24 所示。它们的出土和发现，不像马衡先生在他的《中国金石学概论》一文中所言"汉以后量未见流传"，可见其珍贵。金源地区出土的这批"量器"，丰富了古量器"家族"的队伍。

图 24 铁熨斗

图 21 铁熨斗

图 25 铜鐎斗

图 22 铁熨斗

图 26 铜鐎斗

图 23 铁熨斗

图 27 铁熨斗

图 28　铁熨斗

图 32　铜温酒壶

图 29　纹斗

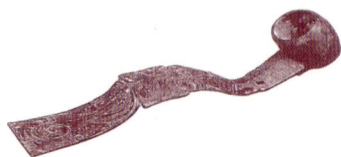

图 30　纹斗

图 33　铜温酒壶

图 31　兽面纹斗

图 34　交龙纹斗

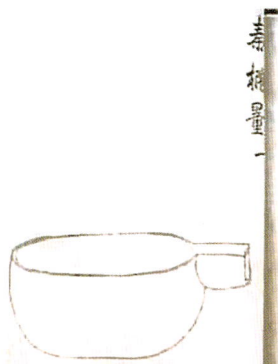

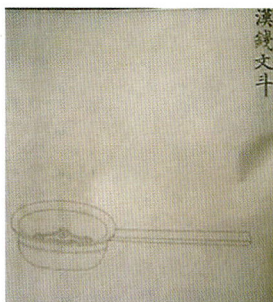

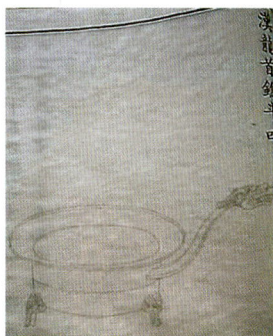

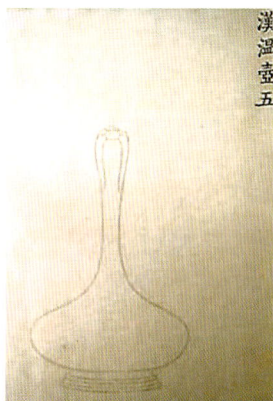

图35 《西清古鉴》中的"斗""壶"

（注：兽面纹斗属西周早期文物，通长37.2厘米，口径5.0厘米。现藏于周原博物馆。交龙纹斗属春秋晚期文物，口径14.3厘米，腹深8.0厘米，把长10.5厘米。现藏于湖北省宜昌市博物馆。）

2. 女真铭文铁权

2012 年在金源地区出土了一大批铭文铁权，其中部分铁权铸有汉字和女真文字（如下图所示）。其中有一枚呈椭圆形的铁权，上面铸有类似汉字"元"或"天"的铭文。说它似"元"则第四笔没有"折勾"，说其似"天"则第三笔又没有"通天到顶"。经核查金启孮先生编著的《女真文辞典》，这似"天"非"天"、似"元"非"元"的女真文字读音应为"马"，但表意不明（如图 2 所示），待考。

图 3　秦始皇诏文权

图 4　战国时期葛奴禾石铜权
（陕西历史博物馆藏）

图 1　铁权

另一枚铭文铁权也呈椭圆形，经核查金启孮先生的《女真文辞典》，没有找到此文字，估计也应为女真文字，有待进一步查证（如图 5 所示）。

还有一枚铭文铁权上面铸有两个文字（如图 7 所示），其一为上文提到的似"天"非"天"、似"元"非"元"的女真文字；其二类似汉字"一"，经核查《女真文辞典》，读音与汉字"一"音同。这两个女真文字合起来应该读作"马一"，其意不明，有待进一步解读。

图 2　女真字铭文铁权

上述三枚铸有女真文字的铭文铁权，都属首次发现。

图5　女真字铭文铁权

图6　女真字铭文铁权

图7　女真字铭文铁权

近年在金源地区又发现了一枚呈椭圆形的铭文铁权（如图8所示），上面只铸有一个文字，笔者认为应是契丹大字。目前尚不确定，有待进一步考证。

图8　铭文铁权

另有一枚铸有汉字"大安三年"字样的铭文铁权，呈亚腰形，可惜下部已残缺，但"大安三年"四字仍清晰完整。

马衡先生在他的《中国金石学概论》中说："汉以后权惟元明尚存，其余不多见。"上述一枚铸有"大安三年"汉字的铭文铁权和三组女真文字（疑似女真文字）铭文铁权，当属辽金遗物无疑。可见，它们的发现填补了考古空白，足见其历史价值与学术价值。

图9　"大安三年"铭文铁权

码"，其形制大多呈椭圆形，如图20、图21所示。其中有一枚砝码上面铸有"海兽"图样。另有一套六枚"山"字形砝码，它们重量不同、大小不一，经实测后也未找出规律。现将它们的各自重量列出，以供考证：19克，17.9克，15.7克，13.1克，11.8克，7.5克。这些砝码的出土，不仅填补了"新莽"至元明时期我国古权的空白，也丰富了我国古权实物资料。

更加珍贵的是，2014年在哈尔滨市阿城区白城村三队出土了一枚带有"皇统九年"汉字字样的铁权。更为难得的是，在其另一面铸有一个汉字"监"字。如图13至图16所示。铁权呈椭圆形，通高11.65厘米，最厚处为3.35厘米，最宽处为5.9厘米。说明此铁权是在金国有司衙门监管下铸造的，属于"官造品"。此"皇统九年"铁权的发现，不仅证明了金代有"权"的留存，还把带有监管印记的"权"提前至金代初期。该铁权的出土是"度量衡"考古方面的重大突破，也是首次在金源地区发现的当朝皇帝执政于此的遗留物，弥足珍贵。

图10 "大安三年"铭文铁权

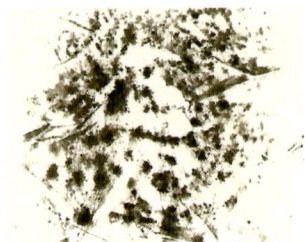

图11 "大安三年"铭文铁权（拓片）

图12 "大安三年"铭文铁权（拓片）

在金源地区出土的形制各式各样的"权"中，不仅有铁质的，还有铅质的，如图17、图18所示。此枚圆形铅坨的上面有一个铁"鼻儿"，可以用来穿绳。铅易腐蚀，此铅坨能保存至今实属不易。

此外，在金源地区还出土了大量"砝

图13 "皇统九年"铁权

金代的汉字年款和女真文款互为印证的实物，是地地道道的金源人留存。

图 14 "皇统九年"铁权（拓片）

图 17 铅坨

图 15 "皇统九年"铁权

图 18 铅坨

图 16 "皇统九年"铁权（拓片）

图 19 "山"字形铜砝码

该铭文铁权与图 2、图 8 的形状几乎完全一样，可见这种形状的权在那个时期是极为流行的，是那段时期的铸造特点，而且是

图20　"海兽"铜砝码

图2　三足单耳铜灯

图21　"海兽"铜砝码

3. 金源地区出土的各种灯具

在金源地区出土了一些灯具，材质包括铜、铁、瓷、陶等，大多是"三足单耳"的坐式灯，见图1—7所示。截至目前也只发现了一组高架灯。从高架灯外观来看，一支高挑的灯架，上面横梁有三个环，环上放着三盏灯碗，式样精巧别致，如图8、图9所示。

图3　三足单耳铜灯

图1　三足单耳灯

图4　三足单耳铜灯

图 5　三足单耳铜灯

图 8　高架灯

图 6　三足单耳铜灯

图 7　三足单耳铜灯

图 9　高架灯

八 金源出土的文玩清供

　　所谓"文玩清供"，就是指传统意义上的"文房四宝"及其与之有关的用品用具。"文房四宝"，即指笔、墨、纸、砚四类书画用具。笔，包括笔架、笔筒、笔觇、笔洗、笔挂、笔海等；墨，包括墨床、墨匣等；纸，包括镇纸、压尺、裁刀、帖架等；砚，包括砚滴、砚匣、砚床、水盂、砚山、砚屏等。另外，还包括印用类，如：印合、印规、蜡斗等；辅助类，如：臂搁、戒尺等；陈设类，如：雅石、山子等，以及文具匣、糊斗等。

　　"文玩清供"最早起源于汉代，与文房四宝一起经历肇始、成熟、兴盛，到了明清时期发展成为一种材质各异、造型丰富、种类繁多、极具文人思想和情趣的实用品。

　　"文玩清供"反映了我国古代劳动人民的智慧和艺术创造力，同时也体现了古代广大文人雅士崇尚自然、热爱生活、充满浪漫主义色彩的精神面貌；还可以在真与假、善与恶、得与失、金钱与道德考量上修身养性，丰富精神生活，提高生活品位。

　　"文房"一词最早出现在南北朝时期（420—589年），《梁书·江革传》记载："此段雍府妙选英才文房之职，总卿昆季，可为驭二龙长途骋骐骥于千里。"这里的"文房"专指国家放置典章文献的地方，类似于今天的档案馆。而今天我们所说的"文房"是现代意义上的概念，即文人们读书、写字或挥毫泼墨等艺术创作的地方。文人雅士在从事上述活动时必须备有一些文具，这些文具在简单的实用过程中逐渐被赋予了艺术性和把玩怡情及欣赏功能，因而促进其发展成为材质多样、造型精巧的脱俗清雅之物，除其实用外还可以供陈设、把玩，故得名"清供"。所以，"文玩清供"还包括香薰、手炉、数珠、拂尘、冠架、古琴、如意、铜镜、宝剑、算盘，以及书案的供石古器，乃至书房中的案、几、桌、椅、橱、榻、架、屏等各种书斋家具。由此可以说，自笔墨诞生以来，"文玩清供"也随之诞生了，在它漫长的发展过程中上至帝王将相、达官贵人、文人墨客，下至平民百姓，逐渐离不开它，且成为推动其发展的巨大动力。

　　但有些文玩清供如同其他文物一样在漫

长的发展过程中存在地域差异，体现出鲜明的地方特色。金源地区的也不例外，下面选取几件别具风格的金源地区出土的"文玩清供"，可以看出金国时期文人雅士的生活情趣和社会文化特点。

1. 几方少见的砚台

砚，在中华五千年的文明历史长河中有着重要的历史地位，几乎与华夏文明同时诞生。自砚诞生以来，人类便跨入了文明世界，或者说，砚是人类文明进步的象征。自砚诞生后，在中华大地上便出现了诸如"五经四书"、《离骚》《史记》等数也数不清的优秀文学作品，以及《兰亭序》《五牛图》等浩如烟海的书画作品……砚的诞生使中华文明逐渐进入宽广、宏博、繁茂的大千世界。砚的足迹亦无所不在。金源地区虽是马背民族女真人建立的大金国第一个都城所在地，但也出土了不少文人用的砚台，这里选取几方加以介绍。

（1）"风"字形澄泥抄手砚

澄泥砚与端砚、歙砚、洮河砚并称"四大名砚"，素有"砚之王者"的尊号，更为陶砚之冠，是古老中国东方文化的一颗明珠，历代帝王将相、文人墨客对它评价都很高，且十分珍爱。端砚、歙砚、洮河砚均为天然石材刻制而成，唯有澄泥砚为泥土烧炼而成，以其质地细腻、温润如玉、造型古朴、色泽多变、贮水不涸、滑而不腻、历寒不冻等特点，自唐初诞生近1400年以来一直被列为"砚首"，又以雕刻细致、发墨如油、不损笔毫而有着"墨如澄泥不滑"之说，深

受各阶层人士欢迎。到了宋代，澄泥砚的制作技术已完全成熟，品质完美，雕饰丰富多彩。澄泥砚最常见的一种就是这种"风"字形抄手砚。另外，还有石渠形、石函形、琴形、斧形、虎符形等种类。因澄泥砚是用火烧制而成，犹如瓦器一般，其在烧制过程中因火势不易把握而产生"窑变"，所以烧出来的澄泥砚其颜色多种多样，常见的有鳝鱼黄、蟹壳青、虾头红、橘黄、灰青等颜色。

金源地区出土的这方"风"字形澄泥抄手砚应属蟹壳青色，小巧玲珑，长度只有9.0厘米、最宽处5.9厘米、最厚处1.95厘米，砚池底部厚度只有6.3毫米，虽然有点残，但仍能看出它是一件精品。参阅如图1、图2所示。

图1　"风"字形澄泥抄手砚（正）

图2　"风"字形澄泥抄手砚（背）

（2）难得一见的铁砚

在著名豫剧演员牛得草先生演出的豫剧《七品芝麻官》中有句"冷桌子热板凳，十年寒窗，铁砚磨穿"唱词，在王实甫撰写的元杂剧《西厢记·张君瑞闹道场（第一本）》中也有"向诗书经传，蠹鱼似不出费钻研。将棘围守暖，把铁砚磨穿。投至得云路鹏程九万里，先受了雪窗萤火二十年"台词，这些唱词都以成语"铁砚磨穿"来说明读书人刻苦攻读和持之以恒的坚韧精神。

另外，还有一个"铁砚未穿"说法，形容人的坚定意志，不改旧业、下定决心不达目的决不罢休。宋人胡继宗编撰的《书言故事》一文中有句"不改旧业曰'铁砚未穿'"，也源自"铁砚磨穿"的典故：五代时期读书人桑维翰一心想考取进士，第一次因主考官迷信，"桑"与"丧"同音而没被录取，第二次他写《日出扶桑赋》大赞扶桑，结果还是没录取。朋友劝他通过其他途径做官，他定制一块铁砚，说只有磨穿它后才会想别的办法去做官。桑维翰经过坚持不懈苦心功读终于如愿以偿，于后唐同光三年（925年）考中进士。

看来在古代铁砚的象征意义远大于实际意义，但铁砚的式样仍和其他材质的砚式样无异，只是人们在立志要做成一件大事时，铸一方铁砚以时时刻刻来提醒自己持之以恒、坚持不懈，不要半途而废。

在金源地区出土的这方铁砚，长为11.89厘米、宽为6.5厘米、厚为2.92厘米，顶端厚达3.2厘米，呈现一端高一端低的形状。铁砚重达850克。铁砚外观看不出有研磨过的痕迹，可以说这方砚是主人用来明志的。如图3所示。

图3　铁砚

（3）圆形灰陶砚

圆形灰陶砚在金源地区出土数量较多，可能是本地区用土方烧制的一种普通用品，如图4所示。

图4　圆形陶砚

（4）双面双耳高古砚

2012年在金源地区出土了一方高古砚，式样非常奇特，如图5至图7所示。它的两侧有"耳朵"，整体外形看上去像一只乌龟。最为奇特之处在于它的正背两面都有"墨池"，两面都可以使用，看不出哪个是正面哪个是反面。在历代石砚中此砚尚属首见。此砚为石砚，因为两面都有砚池所以它看起来比较厚，厚度达4厘米，最宽处达8.45厘米，呈灰白色。如图5至图7所示。

图5　双面双耳高古砚

图6　双面双耳高古砚

图7　双面双耳高古砚

（5）"金星点玫瑰紫"端砚

端砚始于唐初，宋代达到极盛。至宋代有关端砚的记载相对较多起来，据《端溪砚谱》记载："石性贵细润，石色贵青紫"。古人对紫端砚有"紫云一握胜千金"等赞誉，可见"紫端砚"是备受推崇的。

端砚的石品花纹有很多种，最名贵的有鱼脑冻、浮云冻、蕉叶白、青花、天青、石眼、玫瑰紫，金银线、火捺、翡翠斑次之。其中，紫端砚居多，性能也较优越。在哈尔滨市金源故地阿城半拉城子村出土的这方砚就是紫端砚的一种。它色紫如玫瑰，遍身有闪闪的金星，应该是一方金星点玫瑰紫端砚，非常名贵。它当为宋代遗物。其长9.78厘米、宽5.87厘米、厚2.63厘米，如图8所示。

图8　金星点玫瑰紫端砚

2. 小巧玲珑的手蘸

所谓"手蘸"，是指一种瓷制的小型器

皿，里面可以滴上一点点水，当翻书翻到手指发滑时将手指放在"手蘸"里面蘸一下，增加手指的摩擦力，这样就可以继续翻书了。犹如现今人们翻书或点钞时手指发滑时将手指放在唇上蘸一下或放在含水的海绵盒里蘸一下一样。这种器皿当属首次发现。原本不知道它叫什么，"手蘸（或水蘸）"是笔者给它起的名字，因为文房清供之物都是以其用途命名。例如：搁笔的用具称"笔搁"，挂笔的用具称"笔挂"，滴水的用具称"水滴"，盛水的用具称"水盛"，洗笔的用具称"笔洗"，等等。笔者依据这个约定俗成的称谓惯例，以其用途命名为"水蘸"或者"手蘸"。

这种"水蘸"外形精巧，只比手指肚大一点，新发现的这些"水蘸"中最小的一个直径不足13毫米、高度也就5毫米左右，只能容下一个小手指尖儿。这种被称作"水蘸（手蘸）"的用品在金源地区尚属首次发现，填补了金源地区考古的一项空白，如图1至图6所示。

图 2　手蘸（水蘸）

图 3　手蘸（水蘸）

图 4　手蘸（水蘸）

图 1　手蘸（水蘸）

图 5　手蘸（水蘸）正面

则随形镂雕成大树状，造型古朴大气，有一种古典之美。如图 3 所示。

图 6　手蘸（水蘸）背面

图 1　镂空熏炉

3. 各式各样的香薰

古时人们为了净化空气、祛病健身，往往在室内放置一个"薰炉"，用来焚香。香料在薰炉内慢慢燃烧产生的缕缕香烟透过镂空的炉体散发出来，使人心旷神怡，振奋精神。古代文人雅士尤其喜欢在宴客会友、抚琴弈棋、挥毫泼墨之时在室内搁置薰炉焚香，香烟袅袅或卷或舒、或聚或散，营造出一种亲切高雅、温馨恬淡的气氛，别具一番情趣。

除放置在室内的薰炉之外，还有一些薰炉是用来薰暖衣被用的，或者用于随身携带取暖用的小型盒式香薰。这些大大小小薰炉一般制作都很精美，如下介绍几例。

（1）"卍"字形镂空薰炉

此薰炉外观呈"卍"字形镂空状，底部有鼎式三足底托，造型古朴大方，适用于大型庭堂放置，如图 1、图 2 所示。可惜此薰炉的炉盖已遗失。

（2）椭圆形盒式香薰

此薰炉外观炉盖处有镂空花纹，左下角为两只动物造型，一立一卧姿态。其他部分

图 2　镂空熏炉

图 3　铜香薰

4. 金源地区出土的田黄石雕件

田黄石，产于福建省福州市寿山县，是寿山石家族中最珍贵品种，具备细、洁、润、腻、温、凝印石之六德，故被称为"石帝"，自古就深受人们的喜爱。经科学考古发现，在我国南北朝时期就有寿山石雕件，至今已有1500余年的历史。南宋梁克家在他的《三山志》中就有关于田黄石的论述："寿山石，洁净如玉，大者可一、二尺，柔而易攻，盖珉类也。"这是至今所能查到的古文献中关于寿山石最早的记载。《说文》中对"珉"的解释："珉，石之美者。"可以看出"珉"首先是一种石头，但又不是普通的石头，它是石头中的"美"者，不仅指颜色动人好看，还指石质美好。可见，在我国古代人们尤为重视美的本质所具有的天然美感，带给人们极高的审美享受。近年在金源地区出土的两枚珍贵的田黄石雕件，可证明在宋金时期东北地区人们亦对田黄石雕件甚是喜爱。

在金源地区发现的这两枚田黄石雕件，其中一枚是随形雕，根据原石的形状将其雕成双面的"睡天鹅"。这一雕件的石材偏白，应属"白田黄"（或称"田白"）。其中有一部分是非常珍稀的"鱼脑冻"，冻如凝脂，微微透明。这部分"鱼脑冻"被艺人充分利用雕成天鹅的头部，可见艺人是用了心思的。石料的最佳部位被用在动物造型的关键之处。雕件看似粗犷，实则是一件经过精心设计、精心雕刻的艺术珍品。此雕件用肉眼即可看到里面的"萝卜纹"[1]，正如《栖霞洞志》中所说："真田黄中的萝卜纹似乎也可以称作田黄中的'石液'或'石花'。"此件雕品呈不规则形状，最长处5.38厘米、最宽处4.07厘米、最厚处1.88厘米，重达38克（如图1、图2所示）。

图1　田黄石雕件"睡天鹅"

图2　田黄石雕件"睡天鹅"

另一件雕品颜色偏黄，造型设计为宋代非常流行的图形"执荷童子"。可惜此雕件有残缺，但仍不失宋代艺术品的那种风韵，

---

[1]　田黄石的肌质中有种隐现的自然纹理，有呈类似萝卜皮内的纹理状，有呈水流纹状，也有的呈网眼状，欲化的棕粒状，橘瓣状或冬瓜瓤状。也有少数田黄石的萝卜纹极细极隐，极不显眼甚至根本就看不见，只感觉到一些微小颗粒紧密的有序排列着，也有如烟如云绵绵欲化状的等等，统统被称为萝卜纹。

是不可多得的一件田黄石珍品。"执荷童子"雕件长 3.82 厘米、残宽 2.45 厘米，重达 25克。如图 3、图 4 所示。

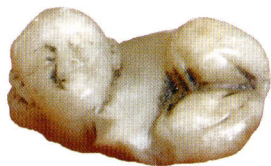

图 3　田黄石雕件"执荷童子"

图 4　田黄石雕件"执荷童子"

5. 澄泥笔舔在金源地区现身

笔舔，俗称"笔掭"，是舔笔之器，即由古代文人使用毛笔时掭笔用的工具演变而来。毛笔蘸上墨汁后其饱和度大多不够均匀，写字时需经整理，而这种掭试毛笔的用具被称作"笔舔"，文房珍玩之一种。从一定意义上说"笔舔"应该是和毛笔同时诞生的，只不过那时的笔舔只是在研磨工具上找个没有墨的地方随便一"掭"而已，久而久之"笔舔"便从研磨工具（砚台）上分离出来，发明了"笔舔"这种器皿。一般认为，掭笔文具大约产生于宋代，明后期文房清供

的风气愈渐兴盛，且编书立说论述文房器物，其中较为经典的有《长物志》和《考盘余事》。文震亨在其所著的《长物志》卷七"器具"篇中有"笔舔"条目，文中云："笔舔，定窑、龙泉小浅碟俱佳，水晶、琉璃诸式，俱不雅，有玉碾片叶之者，尤俗。"从文中我们可知当时的"笔舔"像定窑、龙泉窑烧造的小浅碟，呈片叶状。小碟本来就是一种非常浅的餐具，笔舔还要比已经很浅的小碟再浅，这说明"笔舔"是有它自己的"体型"的，那么笔舔（笔掭）到底什么样？遍查相关资料也未能查到。可能受这个"小浅碟"的影响，后世有了诸如陶瓷质的、玉石质的等等各种材质的"小浅碟"式"笔舔"流行，它们都和餐具中的小浅碟无异，充其量也只能说是"代用品"，不算是笔舔。真正的笔舔究竟什么样？近年在金源地区就出土了一个小笔舔，如图 1、图 2 所示。

图 1　澄泥笔舔正面

图 2　澄泥笔舔背面

其外形只能算是有点像"小浅碟"，材质为澄泥烧造，砚面滑润细腻，手摸上去有一种"油脂"的感觉，造型古朴大方，使我们看到了宋金时期真正的笔砚。这尚属首次发现，是一项重大的发现，填补了我国古代文玩的一项空白。

图3　砚台和笔砚

"笔砚"看似小碟，其实根本就不是什么小碟。所谓"小浅碟"是对其外形的一种形容而已，并非对它的具体描述。正是因为历史上缺乏对笔砚的具体描绘，更无影像传世，所以后人受"小浅碟"的影响而造出了一些小浅碟来充当笔砚。目前发现的笔砚，玉石、陶瓷等各种材质的都有，但也有例外，笔者在市场上就买到一个用烧制茶壶用的"南泥"烧造的"南泥笔砚"，如图4、图5所示。与金源地区出土的"澄泥笔砚"极为相似，两者都在中心部位做出一个"小杯"似的形状，用以盛装墨汁或清水。而后世充满市场的各类材质的"笔砚"却都没有这种形状的东西，这就是只知道有"笔砚"却不知道笔砚什么样而臆造出来的变了形的

"小浅碟"而已。"南泥笔砚"还在其中心部位施加了一小块酱色瓷釉，使其更加滑润。它们都有一个特点就是不像小浅碟，因为有"圈足"，翻过来看倒像是一方地地道道的砚台，如图所示。这一特点是小浅碟所不具备的。由此我们是否可以断定，制造它们的初衷就是"一器两用"的，即一面为"砚"、一面为"抶"。

图4　南泥笔砚

图5　南泥笔砚

6. 几只不同凡响的小水盂

（1）点彩堆塑龙形越窑青瓷小水盂

它小巧玲珑，通高只有4.9厘米，腹部最大直径2.75厘米。水盂顶部堆塑一条活灵活现的小龙，龙嘴张着口，形成小水盂的

"流"，后部还有一个小眼儿，是用来控制水流量的，用手堵住小眼儿，水盂就流不出水，此物设计得既合理又精巧，是一件不可多得的艺术珍品。水盂应是晋代烧造，已有近 2000 年的历史，经长期流传全身已经布满大大小小的各种"开片"，看上去给人一种极美的享受，如图 1、图 2 所示。

度不凡。

图 3　鼓腹水盂

（2）灰陶水盂

灰陶水盂，敞口，沿的上部有两只小眼儿，这类水盂在金源地区还是很常见的，应是在当地烧造的，如图 4、图 5 所示。

图 1　点彩堆塑龙形越窑青瓷水盂

图 4　澄泥水盂

图 2　点彩堆塑龙形越窑青瓷水盂

另一件小水盂也是"越窑点彩"，如图 3 所示，鼓腹。可惜已残，但仍能看出它的气

图 5　澄泥水盂

（3）原石磨刻成的石水盂

这只水盂是用天然形成的石头磨刻而成，底部就像是"河卵石"，上部凹陷形成漏斗状，在"漏斗"的底部磨出一个"小窝"，形成水盂（或称水盛）。为了漏水方便，又在"漏斗"的上沿部位钻出一个小孔。水盂通体黝黑锃亮，是天人合一之物，一件不可多得的鬼斧神工"圣物"。其高只有3厘米，最大直径4.9厘米，如图6、图7所示。

图6　石刻水盂

图7　石刻水盂

7. "卍"字款龙纹铜镜陶范

在金源地区还出土了几枚铸造铜镜的陶范，最美者要数这一枚，可惜已残，只剩下"卍"字的铭文、三只爪的"龙爪"和一截龙体纹的陶范残片。三爪龙是金代龙形的明显特征，由此可以证明它是金代遗物且为皇家御用。如图1所示。

图1　卍字款龙纹镜陶范

8. 琳琅满目的围棋棋子

围棋起源于我国，古时称为"弈"。围棋是如何起源的存在多种说法，而史学界公认的是围棋起源于原始社会末期，是帝尧发明了围棋。春秋战国时期的《世本》一书提到："尧造围棋，丹朱善之。"这是中国古代文献中最早谈及围棋的文字，丹朱即是传说中尧的儿子。

我国古代有"琴、棋、书、画"四大文化艺术，这个"棋"指的就是围棋，它伴随着儒、释、道思想和其他文化艺术，绵绵几千年的中华文明史。围棋自一诞生就引起人们的关注，至春秋战国时期成为上流社会的一种游戏。因此，自春秋战国开始直至以后历朝历代都有关于围棋的著述。例如：大成至圣的孔夫子，《论语·阳货》中有这样记载："子（孔子）曰：'饱食终日，无所用心，难矣哉！不有博弈者乎？为之犹贤乎已。'"孔夫子认为，下围棋是吃饱了无事可做的行为，下围棋的人是成不了贤人达士的。围棋也被孔夫子排除在"礼、乐、射、御、书、数"六艺系统之外。孔夫子的观点虽然有些偏颇，但从另一个侧面反映了围棋在那个时代就已经普遍存在了，否则孔夫子怎么会在意下围棋的后果呢？继其后的亚圣孟子，其某些观点和孔夫子相同，但又进一步指出下围棋而不顾父母之养是不孝行为。《孟子·离娄下》记载："世俗所谓不孝者五：惰其四肢，不顾父母之养，一不孝也。博弈好饮酒，不顾父母之养，二不孝也。……"孟子认为下围棋的人嗜好喝酒，有时不顾及父母的养育之恩，不尽孝道。但他也有与孔夫子观点不同的地方，即不认为下围棋的人都是无所用心的。例如，《孟子·告子上》记录了一则故事："今夫弈之为数，小数也。不专心致志，则不得也。弈秋，通国之善弈者也。使弈秋诲二人弈，其一人专心致志，惟弈秋之为听。一人虽听之，一心以为有鸿鹄将至，思援弓缴而射之，虽与之俱学，弗若之矣。为是其智弗若与？曰：非然也。"这里孟子指出，学习围棋如果不"专心致志"，是不能领会围棋的精髓，是学不好围棋的。这里圣人和亚圣在围棋方面均给我们留下了一个到现在还经常使用的成语——"无所用心"和"专心致志"。也由此可知，春秋时期下围棋的现象不仅很普遍，还出现了像弈秋这样的"通国之善弈者"。自此对围棋的消极认识逐渐减弱，围棋地位趋向提高。《关尹子》也指出，"射箭、驾车、操琴、学棋"都不能轻易学会。

围棋的地位日渐提高，弈者就会普遍增加，所以下围棋的一般规律也被总结出来。《尹文子》一书中说："围棋是靠智力取胜的，下棋时的进与退、取与舍、攻与守、纵与收的主动权都由自己掌握。"《左传·襄公二十五年》载大叔文子言："……今宁子视君不如弈棋，其何以免乎？弈者举棋不定，不胜其耦，而况置君而弗定乎？必不免矣。"下围棋必须周密思考，落子要果断，犹犹豫豫、举棋不定者必输无疑。这里又给我们留下了一个成语："举棋不定"。

在汉代，围棋不仅在民间普遍流行，就是在宫廷也很盛行。据晋代葛洪《西京杂记》记载："戚夫人侍高帝……"汉代宫中有个习俗，就是每年八月四日都要下围棋，这一天戚夫人也要陪汉高祖刘邦下围棋。后来人们将这个习俗给神化了，故《西京杂记》又载："八月四日，出雕房北户，竹下围棋，胜者终年有福，负者终年疾病。"在八月四日这天下围棋，赢家到年终会有福，输家可能遭受疾病之灾。不过也可以破解，就是取一缕发丝，面朝北辰星，乞求星神赐予长命百岁。

到东汉时期，围棋的发展出现了良好的开端，出现了班固《弈旨》、李尤《围棋铭》、黄宪《机论》、马融《围棋赋》等一批围棋理论的奠基者，使围棋逐渐为士大夫所重视。东汉王朝灭亡后，中国历史进入了动荡时期，文化思想活跃起来，围棋活动发展迅猛。马融在《围棋赋》中将围棋视为小战场，把下围棋当作用兵作战，"三尺之局分，为战斗场；陈聚士卒分，两敌相当"。当时许多著名军事家，像三国时期的曹操、孙策、陆逊等都是疆场和棋枰这样大小两个战场上的佼佼者。因此，三国时期促进了围棋大发展，并有名家高手大批涌现。《三国志·太祖纪》中记述了曹操和当时名手山子道、王九真、郭凯等人下围棋的故事。《三国志·费炜传》中记载：费炜在与敌人作战时仍然稳坐帐中对弈并指挥作战。《吴录》中也记有严子卿、皇象、戴不兴等人堪称"吴国八绝"。吴国上层人物孙策、吕范、诸葛瑾、陆逊等不仅会下围棋，而且都是弈坛高手。《三国志·吕范传》中记载了孙策与吕范对弈的故事：吕范作战回来，准备向孙策汇报战绩，孙策让吕范先坐下来边下棋边汇报。宋代李逸民编辑的《忘忧清乐集》一书中还记载了孙策和吕范对弈的棋谱，被称为我国现存最早的围棋棋谱。

魏晋时期，围棋日渐兴旺。上至帝王、下至黎民百姓无不好弈，为围棋的发展创造了良好的条件。《世说新语》记载："三国魏文帝（曹丕）忌弟任城王（曹彰）饶壮，因与王围棋，并噉枣。闻帝以毒置诸枣蒂中。毒杀任城王。"《蜀书·费祎传》记载：费祎"常以朝脯听事其门，接纳宾客，饮食嬉戏，加之博弈……光禄大夫来敏至祎许别，求共围棋。"《吴志·陆逊传》记载："逊（陆逊）未答，方催人种葑豆，与诸将弈棋射戏如常。"《吴志·孙和传》记载："蔡颖在东宫，性好博弈。"《晋书·阮籍传》记载：阮籍"性至孝，母终，正与人围棋。"《晋书·杜预传》记载："时帝（晋武帝司马炎）与中书令张华围棋。"《晋书·王济传》记载："王武子（王济）与武帝（司马炎）围棋。"《晋书·王戎传》记载：王戎"性至孝，不拘礼制，饮酒食肉，或观弈棋。"《晋书·祖纳传》记载："纳（祖纳）好弈棋。王隐谓之曰：'禹惜寸阴，不闻数棋。'对曰：'我亦忘忧耳。'"所以后来人们将围棋又称为"忘忧"。嵇康的《兄秀才公穆入军赠十九首》云："琴棋自乐。远游可珍。"

从以上事例可以看出，围棋已经超越了黄河流域的界限，开展得十分蓬勃。同时也得到魏晋时期贵族、士人阶层普遍接受和喜爱。士人们一下子沉迷于围棋之中，如"竹林七贤"中的嵇康、阮籍、王戎及张华和王济等人都是围棋的爱好者。而围棋作为一种道具，它能让士人身在庙堂之上，心处江湖之远，给想退隐而不可得的士人以精神寄托。围棋的世界与外部真实的世界是完全不同的，围棋是无功利的，真正的隐居生活也一样是无功利的。所以，围棋和隐居生活一样都能给人以精神上的自由和快乐。这一时期围棋名家也层出不穷，正如梁朝《棋品序》所载："汉魏名贤，高品间出，晋宋盛士，逸思争流。"而围棋作为一门科学，它能够最大限度地开发智力、启迪思想、锻炼头脑、熏陶情操。在围棋的对弈中，包含着形象思想、逻辑思想的创作。它能加强机械记忆和了解记忆，它能进步人们的计算身手。所以，至南北朝以后，围棋更加盛行，并向周围国家辐射，传入朝鲜和日本。

南北朝时期由于玄学的兴起，致使文人学士以崇尚清谈为荣，因此博弈之风更盛。上层统治者也无不雅好弈棋，他们以棋设官，建立棋品制度，对有一定水平的"棋士"授予与棋艺相当的等级。当时的围棋分为九品，《棋经》记载："夫围棋之品有九。一曰入神，二曰坐照，三曰具体，四曰通幽，五曰用智，六曰小巧，七曰斗力，八曰若愚，九曰守拙。"围棋九品不仅指棋艺，更是指人之境界的高低。"设计斗巧不算高明，若愚与守拙方始显高"。《南史·柳恽传》又载："梁武帝好弈，使恽品定棋谱，登格者二百七十八人"，可见棋类活动的普遍流行。《南史·崔慧景传》附"娄逞传"中记载了南朝齐东阳女子娄逞女扮男装与官场男性棋手切磋棋技，并以精湛棋艺进入仕途，堪称"围棋界的花木兰"。

盛唐时期，唐玄宗大力倡导围棋，创立了翰林棋待诏制度，这是中国围棋走向专业化的标志。棋待诏、第一流国家棋手王积薪是盛唐时期最著名的围棋手，共著有《十诀》《金谷园九局谱》《棋诀》三卷和《凤池图》一卷。除《十诀》外，其他均已失传。《十诀》："不得贪胜、入界宜缓、攻彼顾我、弃子争先、舍小就大、逢危须弃、慎勿轻速、动须相应、彼强自保、势孤取和。"围棋复杂多变，而王积薪仅仅以这十条四十字，简练准确而又通俗明了地概括了围棋实战中的战略与战术，总结了弈棋的局部与全局、进攻与防守的一些重要原理，其意义影响极为深远，之后的棋手莫不以《十诀》为座右铭。传说棋待诏王积薪就得益于蜀中两位村妇的指点，从此天下无敌。这两位村妇可以口述下棋，即我们现代意义上的"盲棋"，可见唐代妇女的围棋水平已达到一个很高的境界。1972年出土于吐鲁番阿斯塔那唐代西州墓葬中的围棋仕女绢画《围棋仕女图》，则反映了我国隋唐时期围棋文化的高度发展。围棋绢画出土时虽已破碎，但仍可窥见全图的主旨：画面中心是对弈的两个妇人，旁边有前来观局的少女和侍者。这是一座天宝年间的唐代墓葬壁画，反映的是贵族

妇女春游娱乐的情景，这种风气在唐代长安特别流行。唐王朝为了在妇女中普及围棋活动，宫教棋博士，负责教习宫人围棋。诗人杜甫的妻子精通棋理，杜甫有感而发，写下了"老婆画纸为棋局"的实录。

到了宋代，宋太宗亲自创制棋势，网罗一大批围棋高手养于宫廷，使宋代一开始就从高点起步，进入昌盛阶段。至宋徽宗时，宫廷弈坛的女弈发展呈现高潮。宋时还出现了不少重要的棋书，最著名的就数李逸民的《忘忧清乐集》，这部著作中辑入的《棋经十三篇》的历史价值最高，现在仍然被业界认为是一部划时代的著作。

灭掉北宋、并与南宋对峙了近百年的金国，虽然地处东北一隅，可围棋依然盛行，从帝王将相到平民百姓酷爱围棋者众多。金国是女真人建立的一个国家，继辽而起。"辽"是在五代时期由契丹人建立的国家，辽在与北宋的交往中民族也在慢慢融合，包括围棋在内的中原文化也逐渐被契丹人所接受，并且发展得很快，从上到下普遍受到喜爱。据宋人叶隆礼所著《辽志·渔猎时候》记载："夏月以布为毡帐，借毡围棋双陆，或深涧洗鹰。"看来契丹人非常喜爱下围棋，且随时随地都可以下围棋。最有力的证据就是1977年4月5日在内蒙古自治区敖汉旗丰收公社白塔子大队发掘的一座辽代古墓葬里出土的一件围棋方桌。桌高10厘米，边长40厘米，桌上画有长、宽各30厘米的围棋棋盘，棋盘上纵横各13道线。最可贵的是棋盘上面竟然布满黑子71枚、白子73枚，旁边空放着黑子8枚、白子3枚。辽宁省阜新市关山东麓辽代墓葬群中也出土了一幅高3.5米、宽3米的围棋壁画。画面上最为醒

目的是一株高大的松树，树下两个契丹族装束的男子席地而坐在一副围棋盘的两侧，旁立一人倒背双手，俯首弯腰作观棋状。可见，契丹人对围棋的喜爱程度，死后也要围棋陪葬。

到了女真人建立的大金国，围棋愈加盛行。据宋人宇文懋昭《大金国志》卷十二《熙宗孝成皇帝四》记载："熙宗（完颜亶，1119—1149年）自为童时聪悟。适诸父南征中原，得燕人韩昉及中国儒士教之，后能赋染翰，雅歌儒服，分茶焚香，弈棋象戏，尽失女真故态矣。"就连弑兄夺位、荒唐无比的完颜亮（海陵王，1122—1161年）也自幼喜爱下围棋。《大金国志》卷十三《海陵炀王上》记载："幼时名字列，汉言，其貌类汉儿，好读书，学弈、象戏、点茶，延接儒生，谈论有成人器。"完颜亮当了皇帝以后，对围棋更是酷爱有加，经常召集会下围棋的大臣到御前对弈，自己一旁观赏。这是对金国初期的记载，等迁都燕京后金代皇帝更加酷爱下围棋了。相传顺天府西三十五里有个棋盘山，曾

图1　各色琉璃棋子

是金章宗完颜璟下围棋的地方。至金世宗完颜雍时代，朝廷宗室对围棋痴迷到因下围棋而废学误事的程度，因此金世宗命监察御史督察此事。《金史·梁襄传》记载："梁襄字公赞，绛州人。……选为监察御史，坐失察宗室弈事，罚俸一月。世宗责之曰：'监察，人君耳目，风声弹事可也。至朕亲发其事，何以监察为？'"

金代也有关于围棋方面的诗词，如金代著名文学家王若虚就有一首诗《宫女围棋图》，诗中写道："尽日羊车不见过，春来雨露向谁多。争机决胜元无事，永日消磨不奈何。"反映了金代宫廷上下都迷恋围棋活动的情态，不仅宗室子弟沉迷围棋，而且在宫女中也很盛行。金源地区阿城松峰山太虚洞石岩上有金代石刻围棋棋盘，19道棋局，据考证为金皇统年间（1141—1149年）金熙宗召太一教创始人萧抱珍弈棋问道之所，金代道士为纪念此事而刻石。金上京地区还出土了大量各种材质的围棋棋子，尤以"云子"围棋子最为珍贵，亦见证了金源地区围棋游戏的盛行。

金源地区出土的这些围棋棋子不仅数量

大，且高、中、低档都有。"高档"的有用
玉石做成的，有用南红玛瑙烧制成琉璃的，
还有在琉璃围棋子上镀了一层金的，以及一
些带有诸如"太极图"之类图案的棋子。
"中档"的有一些烧造得很好的陶瓷质的，
其中有定窑系的黑瓷、白瓷。"低档"的就
是一些杂色陶瓷的了。金源地区还出土了数
量可观的用碎瓷片敲打成的"代用"围棋
子。围棋在金国流行到这种程度自然造就了
一些"弈坛高手"，其中张大节最为著名。
《金史·张大节传》记载："素廉勤好学，能
励勉后进……又善弈棋，当世推为第一，尝
被召与礼部尚书张景仁弈。"

　　围棋在我国乃至世界上流行了数千年之
久，就只有黑白两种颜色的棋子吗？答案是
否定的。近些年在被称为金源故地"大金国
第一都"的阿城金上京会宁府遗址陆续出土
了大量金代遗留下来的围棋棋子，其中就有
彩色的棋子。家住该地区的孙新章先生就收
藏了数千枚围棋棋子，笔者也收藏了数百
枚，其中有一些是带彩色的。这些围棋棋子
大小不一，材质各异，有陶质的、有瓷质
的、有玉石质的，但更多的则是琉璃质的。
如图1至图14所示。

图4　鎏金琉璃围棋子

图5　鎏金琉璃围棋子

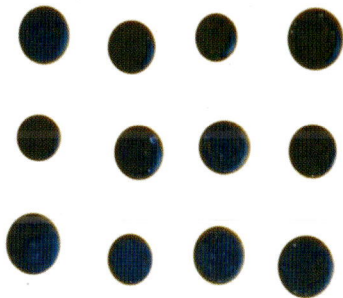

图2　带图案围棋子

图3　玉石围棋子

图6　琉璃围棋子

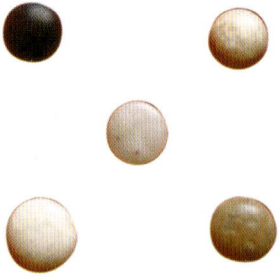

图 7　琉璃围棋子

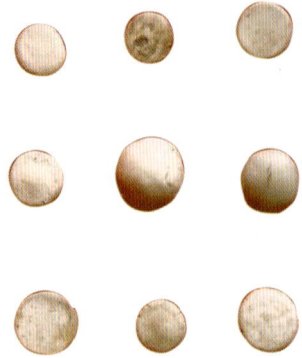

图 10　白瓷围棋子

图 8　白色云子（琉璃围棋子）

图 11　带图案围棋子

图 9　橘黄色云子（琉璃围棋子）

图 12　透明琉璃围棋子

这些琉璃围棋棋子外观精美，他们应该是来自中原地区，宋金作战时的战利品，或是南宋时期的贡品、交易品。据说那个时期最好、最名贵的围棋棋子是被称作"云子"的一种琉璃棋子，它产自云南，故得名。"云子"是我国一种传统工艺品，历史悠久。据《永昌府志》记载，是以玛瑙石、紫英石等数种材料合研成粉，再加上红丹粉、硼砂等多种配料，按照一定配比、合在一起经过多种工序熔炼，然后用"长铁蘸其汗，滴以成棋"。如果他们用的是当时特别贵重到如今更为贵重的"南红玛瑙"烧制的话，那么这个围棋子就更弥足珍贵了。据说南红玛瑙资源已经枯竭，现在产自保山的南红玛瑙和那时的南红玛瑙无法相比，只能说是代用品。

说这些围棋棋子有的是用"南红玛瑙"烧制的是有可能的，因为不仅质地一样而且在灯光照射下呈现出与南红玛瑙一样的颜色，是有力的实物佐证。按道理说，除了南红玛瑙用别的玛瑙是烧不出南红玛瑙效果

图 13　杂瓷围棋子

图 14　陶象棋子

的。换言之，即金上京遗址出土的有些琉璃围棋棋子应该算作"云子"。这些琉璃棋子在灯光照射下不仅显现红色的、浅红色的，还有的呈现翠绿色的、浅绿色的、海蓝色的、天蓝色的和茶色的……可谓五颜六色、琳琅满目。这是由于多种原材料的配比不同而产生其效果各异、色彩缤纷。目前发现的这些琉璃围棋棋子中有一种"小型"的围棋子，外观上有的显现颜色，如红色、绿色或茶色等，其形状与黑白棋子大小都不一致，它小巧玲珑，呈半球状。而黑白棋子则呈扁平状。

在金源地区出土的围棋棋子中还有一些带着各种图案的，其中最多的是那种象征日夜交替的"太极图"，"阴阳鱼"图案显现得非常清晰。另有一些陶瓷烧制的围棋棋子，官窑、民窑均有，图案更是多种多样，其中有一枚定白瓷质的棋子上雕有一只活灵活现的"小鸭"。

在金源地区除出土大量的颜色、形状各异的围棋棋子之外，还出土了一些围棋棋盘残片，非常珍贵，如图15至图20所示。

图 18 所示的这件围棋棋盘是辽三彩烧制而成，虽然只是一块残片，但仍能看出它的底面雕有精美图案，施有"三彩釉"，釉上还能清晰看出"开片"和"蛤蜊光"，盘面呈"火石红"色，上面刻有交叉的直线，交织出"米"字形交点。我国古代称围棋棋盘为"棋局"或"棋枰"，随着历史的发展也在不断演变，棋子由最初的方形演变成圆形，棋盘由魏晋以前的"棋局纵横十七道，合二百八十九点，白、黑棋子各一百五十枚"演变为南北朝时期的"纵横十九道，棋局三百六十一点，仿击天之度数"，初步具备现行围棋定制。1972 年在新疆吐鲁番阿斯塔那第 187 号唐墓中出土了一幅绢画《仕女弈棋图》，是对当时贵族妇女对弈围棋情形的生动描绘。围棋子已由过去的方形改为圆形，棋局也以十九道为主要形制。

图 15 围棋棋盘

图 16 围棋棋盘

图 18 围棋棋盘残片

图 17 围棋棋盘残片

目前发现的围棋棋盘上的纵横线都是"十"字交叉型，而在金源地区出土的这件围棋棋盘残片却呈"米"字交叉型，尚属首次发现，为我国围棋研究提供了一份可贵的实物资料。

图19 围棋棋盘残片

图1 天鹅玉佩

图20 围棋棋盘残

图2 金代玉人

9. 金源出土的玛瑙及玉石件

玉石的种类很多，除包括传统的和田玉、翡翠外，还包括玛瑙、水晶、琥珀等宝石。玛瑙是东北地区特产，晶莹剔透，光泽鲜艳，属稀有品种。在中国古代，人们以玛瑙色彩丰富、美丽多姿而常被用来制作装饰品。金源地区的女真人也概莫能外，金代玉石制品设计精美、图案丰富，且具有鲜明的地方民族特色。

图3 玛瑙碗

图4　玛瑙刀饰

图8　砾石

图5　玛瑙刀饰

图9　试金石

图6　南红玛瑙和冰糖玛瑙

图7　玛瑙带饰

图10　玉饰件

图 11　玉带饰

图 14　石雕狮熊

图 12　玉带饰

图 13　玉饰件

10. 金源地区出土的珍贵瓷片

金源地区上京会宁府遗址堪称中国古瓷文化的宝库，从其出土的古瓷片中就可见之一斑——金上京遗址约 10 平方公里的地表上随处都会发现北宋的瓷片，如来自汝窑、定窑、钧窑、龙泉窑、耀州窑、越窑等等不胜枚举。在时过 900 余年的今天，当我们触摸这些古老的瓷片时就好像在演绎历史的沧桑。北宋灭亡之际，北宋著名的御用瓷窑汝窑随之消亡，而定窑等老瓷窑场逐渐恢复生产。这些窑场的瓷产品陆续、不断地供应着金上京地区的官民之用，其中数量最大的当属定窑瓷。而完颜氏族崇尚白色的习俗世代相传、多年不变，所以进入上京城最多的瓷器是定窑的白瓷系列产品。

定窑瓷塑类产品，主要有日用品、玩具、佛像和建筑构件等。这类产品有用模具生产的，也有纯手工捏塑的。下面列举一些近年在金源地区出土的瓷器残片。

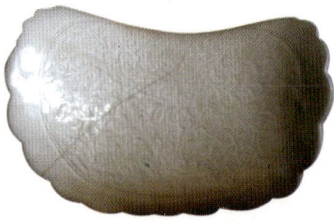

图 1　定窑"童子缠枝"瓷枕

图 4　"吴"字款瓷片

图 2　北宋定窑白瓷孩儿枕

图 5　天鹅纹瓷片

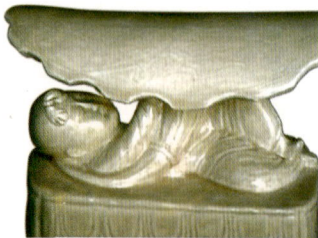

图 3　北宋定窑白瓷孩儿枕

图 6　"龙"字款瓷片

图 7　瓷塑残件

图 10　耀州窑瓷碗

图 8　瓷塑残件

图 11　耀州窑瓷碗

图 9　瓷塑残件

图 12　酱釉瓷碗

九 金源发现的珍稀古币

金朝建立初期女真人本无自己的货币，主要靠以物换物进行交易活动。"五里至句孤寨。自此以东，散处原隰间尽女真人，更无别族，无市井，买卖不用钱，惟以物相贸易。"（宋·许亢宗《宣和乙巳奉使金国行程录》）此外，还使用辽、宋钱。黑龙江省境内曾出土大量铜钱，多者一次竟达一二千斤，少则数百斤。其中多为北宋旧钱。这些铜钱中应有多数来源于战争中的掠夺及宋朝的纳贡。金朝本国铸造、发行的货币有三种，即铜钱、银铤、交钞。金太宗天会末年曾用伪齐刘豫政权铸造的"阜昌元宝""阜昌重宝"和"阜昌通宝"。金年号钱始铸于海陵王完颜亮时，正隆三年铸造"正隆通宝"。《金史·食货志》有载："金初用辽、宋旧钱，天会末，虽刘豫'阜昌元宝'、'阜昌重宝'亦用之。……正隆二年，历四十余岁，始议鼓铸。"金世宗时铸造"大定通宝"，金章宗时铸造"泰和重宝"和"泰和通宝"，卫绍王时铸造"崇庆通宝""崇庆元宝""至宁元宝"，金宣宗时铸造"贞祐通宝"，金哀宗时铸造"天兴宝会"等铜钱。

金代铜钱制作精良，胜过宋钱，广为收藏爱好者称道。

女真人肇兴之地金源地区虽处在我国东北边陲，但经过辽、金两代数百年的经营，包括互市、抢掠、接受贡品、相互馈赠等等正常、非正常渠道获取了不少各种货币。这其中肯定有不少在现今看来是非常珍稀的钱币。还有金朝铸造的数量不多的年号铜钱。这些钱币又因为种种原因未在市场上长期流通，且通过明里暗里的各种收藏手段（例如深埋于地下等）而保存至今。目前由于古玩市场的频繁"经济"活动，致使这些古钱币屡见于世，下面选取几枚较特殊的加以介绍。

1. 铁制大铲币

这枚大型"铲币"为铁制，有"銎"可以按柄，它的最宽处为 12.25 厘米，通高 13.1 厘米，重 350 克。钱面有"小王"二字铭文，为阳文。在"銎"的两侧各有一条竖纹通向铲体，在靠近顶端处又分别向左右呈大约130度弯曲，在曲线的下面各有一个圆圈，在圆圈的中心还有一个圆点，犹如两只眼睛。整体看就像一副人面，非常奇特。这个人面纹饰类似一种"饕餮纹"。如果它真的是一种饕餮纹，那么这枚铲币就应该是战国时期的货币。另外，在"銎"的底端还有两条弦纹围绕一圈。如图1至图5所示。

图1　"小王"铭文铁铲币正面

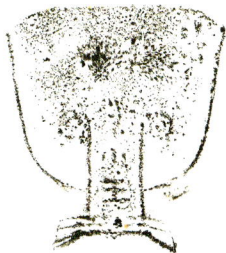

图2　"小王"铭文铁铲币正面拓本

图3　"小王"铭文铁铲币背面

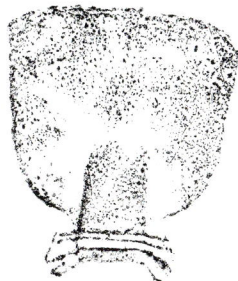

图4　"小王"铭文铁铲币背面拓本

图5　"小王"铭文铁铲币侧面

关于"铲币"，经考古发现应始于商代，那时的铲币大多无文字，"銎"可以深到币的中部，通常在16至22厘米之间。到了战国时代，中原地区有不少诸侯国都在铸行"铲币"，那时的铲币大多粗糙笨拙，币形类似农具或工具，边缘不修毛刺，如图6至图12所示。有的铲币上面铸有文字，但都是一些古文字。而这枚铲币上的文字则是隶中带楷的书体，因无年款无法确定铸造年代。"小王"二字是否为年款不得而知，它是在金源地区出土的，当前还是"孤品"。网络上曾报道浙江省在评选"浙江民间十大收藏

家"和"浙江民间十大收藏品"时有一枚铁
铲币入选,叫作"定千"(如图6所示),言
为袁克文旧藏。袁克文死后该币落在他的小
妾手中,他的这位小妾后来定居嘉兴,这枚
"定千"铁铲币又辗转到了收藏家陈某手中,
后被钱币界认为是孤品。另外,在西泠印社
的一次拍卖会上也拍卖过一枚叫"定千"的
铁铲币,不知被何人拍得。网络上还转载几
枚铁铲币,有的有铭文、有的无铭文。一枚
铲币上的铭文似为一个"东"字,为阴文;
还有一枚铲币上有"宜千"二字,为阳文,
据说是汉代钱币。此两枚铲币上都铸有一个
螺旋纹,图案与金源地区出土的这枚"小
王"铭文铲币相似,如图12所示。

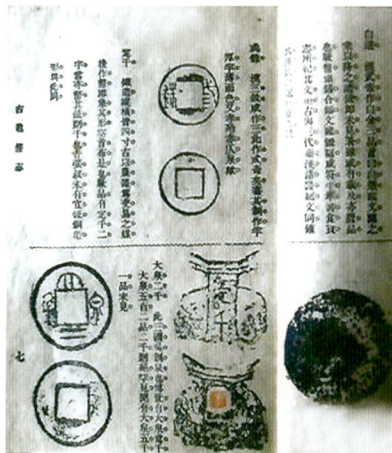

图7 记载中的铲币

图8 铁铲币

图6 袁克文旧藏铁铲币

图9 铁铲币铭文

图 10 "东四"铭文铁铲币

图 11 铭文铲币

图 12 "宜千"铭文铁铲币

2. 珍品乾元重宝"背一"钱

"大唐"发展到唐玄宗时代，出现了"开元盛世"。可是这个被梨园界尊为祖师爷的唐玄宗，做梦也没想到就是这样的一个盛世竟然在他的《霓裳羽衣曲》美妙乐舞声中悄悄地走向下坡路，更没有想到他非常宠信的安禄山竟然勾结史思明造了他的反，把一个轰轰烈烈的"开元盛世"搅得地覆天翻。在这场动乱中，不仅他的爱妃杨玉环被杀，而且还被儿子李亨"抢了班""夺了权"。抢了皇帝宝座的唐肃宗李亨，得来的却是一个"烂摊子"，他不仅要应付"安史之乱"带来的局势动荡，还要应付那群"叛军"。由于朝廷连年用兵，致使国家经济遭受严重破坏，军费筹措非常困难。为了应对这种局面，乾元元年（758年）唐肃宗下诏铸行一种"乾元重宝"钱，"奏请改钱，以一当十，别为新钱，不废旧钱，冀实三官之资，用收十倍之利"，"宜听于诸监别铸一当十钱，文曰乾元重宝。其开元通宝者依旧行用"。（《新唐书·食货志》）乾元重宝"以一当十"，开创了铸造"重宝"钱的先河。乾元二年（759年），又下令铸行了一种"重轮"乾元重宝钱，"以一当五十"的大钱。该钱背面的外廓为重轮，俗称"重轮乾元钱"，钱径3.6厘米左右，重约20克，对"开元通宝"作价"以一当五十"。唐王朝的这种做法虽然取得了一时利益，但很快就引发了全国更大的通货膨胀，盗铸四起。由于"开元通宝"每枚重4克，5枚即可私铸一枚重轮乾元钱，可获十倍的利益，良币"开元通宝"很快就退出了流通市场，而"犯私铸者日有数百，州县不能禁"。《新唐书·食货志》记载："法既屡易，物价腾贵，米斗钱至七千，饿死者满道。初有'虚钱'，京师人人私铸，并小钱，坏钟，像，犯禁者愈众。郑叔清为京兆尹，数月榜死八百人。"由于乾元重宝钱对原来的开元钱比值过高，政府不得不允许开元通宝也升值为"以一当十"，而"重轮"大钱"以一当三十"。到了代宗李豫即位以后的宝应元年（762年），为了平息通货膨胀，恢复了开元通宝"以一当十"的旧值。同时在五月甲午日铸钱史刘晏又改乾元重宝"以一当二"、重轮乾元钱"以一当三"，基本上使各种铜钱都按照它的实际价值流通。但"凡三日（丙申）后大小钱，皆以一当一"，更进一步将乾元重宝、重轮乾元钱的法定价值贬值到它的实际价值以下，使这两种乾元大钱成为良币，有意识地利用劣币驱逐良币的规律迫使其退出流通领域。自此乾元重宝、重轮乾元钱退出流通领域，多被熔铸为小钱，能够留存下来的已经是稀中之稀了。

根据以上史料我们知道那个时期铸行了五种乾元重宝"记值"钱，即"以一当十""以一当五十""以一当三十""以一当二"和"以一当一"，其中"以一当五十"和"以一当三十"的已经明确说明是"重轮"大钱，所以钱币本身无需再有其他标志，而另外三种在钱币的背面铸有"记值"数字，以标明币值。带有币值的乾元重宝铸量不多，其中"背十"和"背二"以前各发现过一枚，而"背一"钱却始终没有发现。下面这枚新发现的乾元重宝"背一"钱无疑填补了上述历史记载的空白。

此乾元重宝钱为铜质，红斑绿锈。钱径22.5毫米，厚1.3毫米，穿阔6.4毫米见方，重2.7克，如图1、图2所示。

图1　乾元重宝"背一"钱正面

图2　乾元重宝"背一"钱背面

3. 背有少数民族文字的开元通宝

1994年，哈尔滨市郊一伙水暖工在挖管道地沟时发现一批古币，能有四五百千克重量，被当时在场的十几人分抢，后又分别流散。年底，笔者几经周折找到其中一人，在其尚存的部分古钱中发现一枚背有少数民族文字的"开元通宝"钱，如图1所示。此钱币直径2.5厘米、穿阔0.7厘米、厚0.15厘米，重4.2克，少数民族文字在钱背穿孔上端。

新发现的这枚钱币却只有一个（或一组）文字在背穿孔上端，其字形和上述两枚左侧的近似。该钱币应为首次发现，对研究"开元通宝"钱在少数民族地区的铸造和流通提供了实物资料。

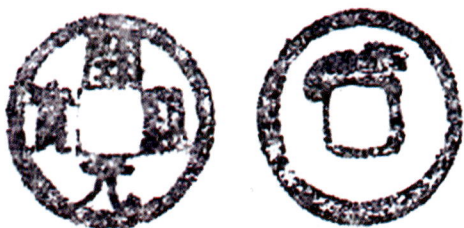

图1　钱币拓本

此类钱在《陕西金融》增刊《钱币专辑（9）——唐代钱币》的第92页上刊有一枚，其文说："……据荷兰易仲廷说，此钱在'斯米尔诺娃论述中亚出土俄罗斯钱币的书里图版中发现的'。"如图2所示。看来此钱还不在国内。

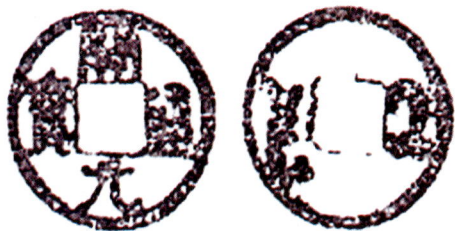

图3　钱币拓本

图4　钱币拓本

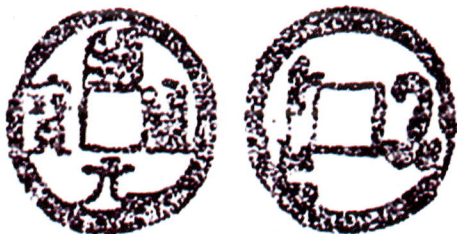

图2　钱币拓本

另外，《古钱币图解》第153页上也有一枚铸有少数民族文字的钱币，只有图片无说明文字，出处不详，如图3所示。

上述这两枚钱币大同小异，均有两个（或两组）文字分别在背穿孔左右两侧。而

4. 馆藏金代银铤选粹

金源地区出土的银铤形制大致相同，铤身上下同大，两端略呈圆弧状、中间束腰，表面微凹，底部有蜂窝孔。正面大多錾有字款，其内容包括重量、行人、秤子的姓名、官税银的所属机构、金银店铺的铸造者及匠人名称等。银铤在流通过程中，民间或有私

自打造的，它的重量与成色未必尽合每锭五十两的旧例，私铸者往往掺杂铜锡等，致使银锭逐渐不能通行。哈尔滨市阿城区金上京历史博物馆就藏有数枚金代银锭。馆内不仅藏有小银锭"承安宝货"，还藏有一些金代大银锭，下面选取两个加以介绍。

图1"承安宝货"是金章宗承安年间铸造的货币，呈弧首束腰扁平状，是中国货币发展史上第一次以白银为币材正式颁行的法定货币，是直接投入流通领域的白银。

图2　银锭

图1　承安宝货银锭

图2 银锭正面长 14.3 厘米、背面长13.5厘米，正面两头宽8.9厘米、腰宽7.4厘米，背面两头宽7.4厘米、腰宽5.0厘米，厚2.0厘米，重约1950克。呈弧首束腰状，背有蜂窝；正面有铭文：行人王林、正使、五十两、库使、库副、库工。在每行铭文下面均有花押，这是少见的，至于"库副""库工"的花押就更少见了，说明金代朝廷对银锭的成色和重量是极负责任的。

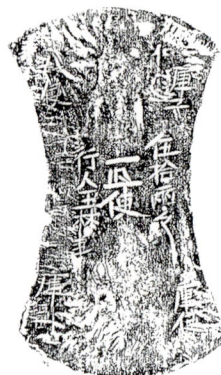

图3　银锭正面拓本

图4　银锭背面拓本

经张晓梅主任查档得知，此银铤于1978年10月27日在阿什河乡白城村四队出土，发现人张志明当即捐给金上京历史博物馆。笔者曾亲赴张家采访，得知张志明先生于1978年建房时到其居住地东南方向的废墟上挖砖头时，在地表下大约30厘米处挖出一批银器。这批银器散放在一起，无盛器，其中包括四只银碗、一只银壶、两锭银铤。在捐出时同村居民林洪春出于好奇，曾亲手称过重量，共计10市斤。

银铤的出土地是金上京遗址，现在这里被称为"白城"。白城遗址分为南北两城，中间以"腰垣"分开，银器出土点就在白城的北城东南隅，当地人称这里为"腰城"。现遗址内有大量的残瓦片，说明这里是金代的一处建筑物遗址。有人认为这里是金银店铺遗址，但尚需进一步考证，因为银器不光是金银店铺里才有，官绅富商都可能有，甚至比金银店里还要多。但无论怎么说，这里是金代建筑遗址无疑，银器为金人所埋藏也无疑，而就其埋藏情况来看，仅埋藏地下30厘米处且无容器盛装，应该是匆忙中所为。发生了什么状况导致这些居住在上京城里的贵族们手足无措呢？是蒙古军攻破城池。这到底发生在哪一年呢？史无明载，一般认为是在蒙古军生擒金"辽东宣抚使"蒲鲜万奴（曾割据咸平自立东夏国）时的大兴二年（1218年），这些银器应是城破前匆忙埋入地下的。

关于蒙古军攻陷金上京，尚有一段传奇故事，这与金上京被称为"白城"有关。传说，那时金上京城内有一种白色的家雀，这种白家雀只在城内才有，它们白天成群结队到城外四处觅食，傍晚再飞回城内宿窝，天如此，周而复始。白家雀这个生活规律被久攻金上京不下的蒙古军发现，于是想出破城的好办法：把白天出城觅食的白家雀抓住，晚上在白家雀身上涂满易燃物，点燃后放回城内。通常家雀都是在屋檐下做窝，这些身上带火的白家雀一回到城内便钻进屋檐下的窝里，于是乎全城起火，蒙古军趁火势攻进城内，拔掉了这个具有百年历史的女真人强大据点。传说虽然无处考证真假，但"白城"这个名字至今仍在使用是真。另外，在这片遗址上我们仍然很容易就能找到被大火烧过的琉璃瓦等建筑构件，说明这个盛极一时的金上京确实是毁于大火无疑。

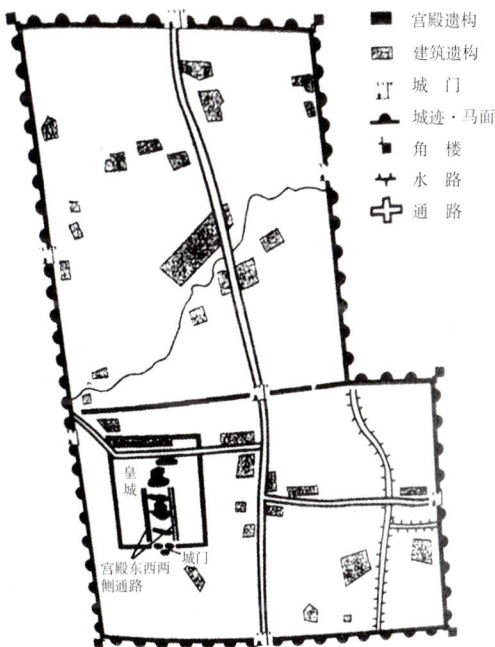

图 5 金上京会宁府示意图

另一枚银铤，如图6、图6所示，总长14.9厘米，正面两头宽8.7厘米、腰宽5.8

厘米，背面两头宽 7.9 厘米、腰宽 5.7 厘米，厚 2.0 厘米，重约 1950 克。此银锭是 1978 年 4 月 21 日阿城县新乡公社团结三队徐志环出售给阿城县银行的，后转入金上京历史博物馆。

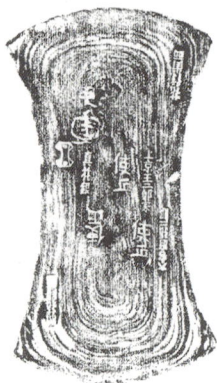

图 6　银锭正面拓本

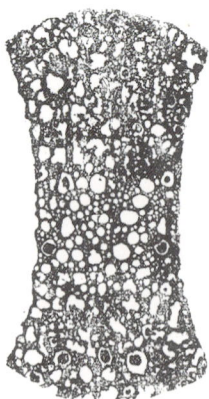

图 7　银锭背面拓本

此银锭呈"弧首束腰"状，背面"蜂窝"密布，正面通体水波纹，戳模砸印一些

符号。银锭上铭文可分为两组颠倒砸印，这是极少见的，一组为"上京王二郎家""使正""真花银"，另一组颠倒砸印"大名府张二郎""使正""花行西街"。银铤上还有一个文字砸印不清，以及一个砝码状符号。这说明两地两处的相关组织和有关人员都为此银铤"真花银"的成色担保。还说明此锭银铤至少是在这两地可以流通的，用于两地的贸易大额支付。上京路——府署会宁府——府治今哈尔滨市阿城区白城，大名府路——府署大名府——府治今河北省大名县东南。两地虽相隔数千里，但经济往来是成功的，交易额是巨大的。

另外，关于"正使"的"正"字，有的是五笔的"正"字，有的不是多笔就是少笔，更像是一种符号；有的用在"使"字的上面，有的用在"使"字的下面。如图 2 所示。此"正"字用法如此随意，看来"正"字并不重要，"使"字才决定一切。

图 8　承安宝货（黑龙江省博物馆藏）

金源文物中的琉璃世界

什么是琉璃？简言之，古代琉璃就是现在的玻璃。中国古代制造玻璃的历史可以追溯到西周时期，只不过那时人们称其为"琉璃"。直至西方国家的玻璃传入中国后，才有了"玻璃"这个叫法。

最初制作琉璃的材料是从青铜器铸造时产生的副产品中获得的，经过提炼加工然后制成琉璃。琉璃的颜色多种多样，古人称其为"五色石"。其色彩流云漓彩、美轮美奂，其品质晶莹剔透、光彩夺目。

琉璃是佛教"七宝"之一，"中国五大名器"之首。到了汉代，琉璃的制作水平已经相当成熟。但是冶炼技术却掌握在皇室贵族手中，一直秘不外传。由于民间很难得到，所以人们视其为比玉器还要珍贵的名器，为稀世珍品。唐代元稹在《咏琉璃》中描述琉璃"有色同寒冰，无物隔纤尘"，表达出琉璃灿烂夺目的诱人风采。

关于琉璃的由来，有传说是炼丹家最早发现的。古代炼丹家将各种各样石头放入丹炉中，幻想能炼出长生不老的仙丹。有一个叫路申的人，在丹炉碴中发现了一颗颗不规则的发光物体，有的晶莹透亮，有的五颜六色。于是路申将其献给国君，欺骗国君说这是仙丹，放在室内一可避邪、二可长生不老。当时的国君第一次见到这种晶莹闪烁的发光物体，就信以为真了，如获至宝，并指示以后要常进贡琉璃给国君。可见中国琉璃艺术历史之悠久，目前据考证早在商周时期就已出现。如在西周时期的墓葬中发现了琉璃珠子，以及各式各样的彩色料珠；江陵战国时期楚墓出土的锦纹越王剑上镶有兽形琉璃眼；汉代墓葬中出土了琉璃蝉和琉璃碗，等等。

《唐会要》记载了唐朝政府于甄官属下设一冶局，专作五色珠子，装饰天下佛像、璎珞使用。宋代的《东京梦华录》《梦粱录》《都城纪胜》等书，都曾提及琉璃的使用。琉璃亦是中国古代建筑中的重要装饰构件，即用于宫殿、庙宇、陵寝等重要建筑，如琉璃瓦、琉璃鸱吻等，是艺术装饰的一种带色陶器。

近年有关琉璃的研究专著和琉璃艺术鉴赏作品不断问世，中国古代各个时期的代表器物琳琅满目。但遍查众多的资料，就是没有发现金代的代表器物，特别是金初时期的。那么金源地区到底有没有琉璃呢？如果有的话，它是什么样的呢？笔者在这些问题的驱使下通过不懈努力，遍走金源地区的各个角落，遍访各古玩店及众多古玩收藏家，终于开启了金源地区出土的"琉璃家族"的大门，走进一个光彩夺目的琉璃世界。

说金源地区出土的琉璃是个"琉璃世界"一点也不夸张，就颜色而言可谓应有尽有，有的蓝色珠子可以发出像蓝宝石一样的光芒。从出土的实物考证看，金初时期的琉璃首饰已经很普遍，出土的实物中有发簪、耳钉、耳钳、手镯、戒指等，还有一些诸如簪花、胸花、胸坠之类的花状饰品。发簪多种多样，其中还有龙头形发簪，这应是皇帝的御用品。至于耳饰更是式样繁多，花色各异。手镯则大多使用了类似"搅胎"瓷的彩色花纹，可以说是"搅胎琉璃"，可见当时琉璃制作之精良。

金初琉璃艺术不仅仅作为装饰用品，还涉及生活的各个方面。就现在所发现的金代琉璃装饰物来看，图案有飞禽走兽，还有花鸟草虫。就已发现的实物中饰飞禽的有"凤"、有"鸡"，饰走兽的有"大象"，饰草虫的有"蜻蜓"等，样式繁多，不一而足。其他还有瓶形琉璃装饰品等。至于琉璃珠子更是数不胜数，珠子大小不一，形状各异。还有一些琉璃球之类的镶嵌物、一批非常名贵的琉璃围棋棋子。这些足以构成一个花花绿绿的"琉璃世界"。更为可贵的是，在白城村三队的小河沟里发现了一些当时烧造琉璃时留下的原材料，可证明金初时期的琉璃就是在金源当地烧造的。那么，金初时期到底都有什么琉璃物件遗留下来呢，下面将分类介绍。

1. 首饰类

（1）发簪

金源地区出土的琉璃发簪不少，可惜的是至今还没有发现一个完整的。哈尔滨市阿城区白城村三队出土的一件发簪残件只剩下一个头部，但我们仍可以看出它的不凡。发簪通身洁白无瑕，泛着绵羊油脂般的光亮，简直就像"羊脂白玉"做成的。如果把它和羊脂玉物件放在一起，真有点难以分辨。难怪古人称琉璃为"药玉"，它的视觉效果真的与高档名贵的羊脂玉相类似。这枚发簪头造型犹如云朵状，既美观又大方，如图1所示。还有一枚发簪残件，只剩下一个"龙头"（如图2所示）。龙头的形状呈椭圆柱体，造型生动，制作精巧，惹人喜爱。

图1 云朵状白琉璃发簪头

图2 龙头形白琉璃发簪残件

通过以上两枚发簪残品，我们不难看出那个时期的琉璃制造技艺已经达到非常高超的程度。也不难想象，那个时期的琉璃饰品是多么的奢华、多么的高贵，一般人是不允许用的（一般人也用不起），特别是"龙头"发簪，只能皇家御用。据《金史·舆服志》记载，完颜氏政权对琉璃的使用作出了明确限制，规定："在官承应有出身人、带八品以下官，未带官亦同，许服花纱绫罗纻丝丝绸，家属同，妇人许用珠为首饰"，庶人"不得以金玉犀象诸宝玛瑙玻璃之类为器皿、及装饰刀把鞘、并银装钉床榻之类。妇人首饰，不许用珠翠钿子等物，翠毛除许装饰花环冠子，余外并禁。……"这种以限制使用琉璃等器物来确定人群的做法，也体现金人划分等级的标准。

（2）耳饰

金源地区出土的耳饰包括耳钉、耳环、耳坠、耳钳和"大耳环"等。

耳钉，做得比较简单，大致和现在的差不多，均为蘑菇状小钉。

耳环则和清代的翡翠耳环相似，大小不一，环的中孔有大也有小，有的中间只有一个很小的细孔，犹如玉璧一般，如图3所示。

耳坠呈菱形（如图4所示），通高13.2毫米、宽23.8毫米，中间有两个小孔。

耳环和耳坠都需有其他系物才能戴在耳朵上。而耳钳，可直接戴在耳朵上。在白城村发现的耳钳有很多，但完整的极少，笔者只见过这两枚（如图5所示）。黑色琉璃耳钳长26.5毫米、最宽处21.4毫米；绿色琉璃耳钳长21.4毫米、最宽处6.8毫米。有的耳钳造型简单，就像是一只弯腰的小蝌蚪，外形较小，如图6所示。有的耳钳外形较大，

造型也很美观，大的一面在耳朵的前方，就像一只温柔的小动物趴在那里，增加美感。出土的耳钳中大部分都未加修饰，有的只是简单地加上几条花纹，有的也只加一点颜色以避免单调，如图7、图8所示。

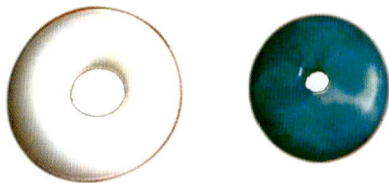

图3　玉璧状琉璃耳环

图4　菱形琉璃坠

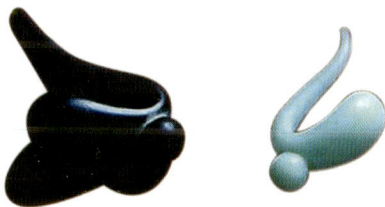

图5　黑琉璃耳钳和绿琉璃耳钳

金源地区出土的耳环颜色种类比较丰富，有黑色、白色、浅蓝色、深蓝色、绿色等，色彩柔和，琳琅满目，有的耳环蓝白相间、中间还有点过渡色，如图9所示。琉璃耳饰的优美造型，配上柔和的色彩，再加上琉璃本身所独有的光泽，这在当时可以说是"佩饰佳品"。从目前已出土的大量残件中可以看出，琉璃耳饰在金初时期是风靡的。

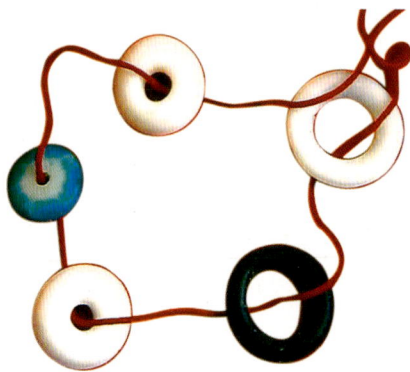

图6 蝌蚪状琉璃耳钳

图9 琉璃耳环

图7 黑色琉璃耳钳

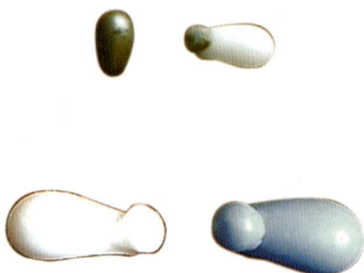

在众多的琉璃耳饰中，有一枚浅绿色耳钳竟然是用透明琉璃做成的，其透明度不亚于现在的玻璃，如图6所示，不可思议。

还有一种"大耳环"，这种大耳环比前面提到的各种耳饰都大得多，应该是男人的佩饰。女真族男性本来就有戴耳环的习俗，如京剧《战金山》《挑滑车》等剧目中的金兀术就戴有一对硕大的大耳环，犹如现在手镯似的大圆环，不过那是带有艺术夸张的，其真相到底是什么样的呢？根据金兀术"老家"金上京会宁府遗址出土的实物可知，金兀术戴的就应该是这种呈"S"形的大耳环。这种大耳环不仅有琉璃质的，还有白玉质的

图8 琉璃耳钳

和铜鎏金质的，它们的个头儿大小差不多，形状也一致，都是贵重材料制作成的。按金代的礼制规定，这种贵重材质做成的饰品是不准庶民佩戴的，也只有像金兀术一样的贵族才可以拥有。如图10所示，这对大耳环造型工艺精美，制作技术高超，可惜已残缺。这些实物的发现，为研究金代的习俗和服饰提供了珍贵的佐证资料。

另有一枚白玉质大耳环，外形非常完整，把它放在这里做一参照（如图11所示），可以了解白色琉璃大耳环的全貌。

（3）手镯

在金源地区出土的琉璃中，手镯残件发现不少。虽是残件，但也不难看出它们的昔日风貌。其中一件是单色透明琉璃做成的。但多数手镯是不透明的，在外环部位用各种颜色做成"搅胎"，非常美观，而内环部位没有"搅胎"痕迹。笔者很难想象他们是怎么制作出来的，可见当时的琉璃工艺水平已达到了十分惊人的高度，如图12所示。

图10　白色琉璃大耳钳环（残件）

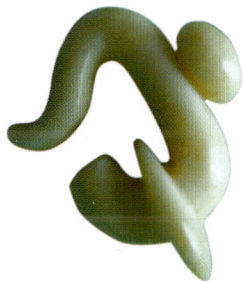

图12　搅胎琉璃手镯（残件）

（4）串珠

串珠在金源地区出土的"琉璃世界"里是一个大家族。也就是说，串珠在金源地区出土的琉璃制品中数量最大、品种最多。就外观大小而言，直径从2毫米到10毫米的都有。就颜色来讲，有白色的、黑色的、红色的、绿色的，而且绿色的还有深绿、浅绿、豆绿之分，蓝色的也有深蓝、浅蓝之别，有的蓝色串珠发出的光芒甚至比天然蓝宝石的

图11　白玉质大耳环

光芒还要美丽。还有的似白色琉璃珠"粘"上了一些彩色的"碎渣"，使白色的珠子呈五颜六色状。在这里说是"粘"上了"碎渣"，是因为笔者实在不知道那时的琉璃艺人是用什么工艺弄上去的，这些"碎渣"又是什么东西？这种工艺好像在以后的琉璃发展中失传了，甚至到了清代琉璃（这时通称为料器）鼻烟壶工艺达到了登峰造极的程度也没见过这种工艺。是因为这种工艺"笨"，还是因为这种工艺难度大，乃至没有被后人所接受而失传，非常遗憾。

串珠的形状有大有小、有长有短、有圆有扁，有的外形呈齿轮状，有的呈螺旋状、枣核状、蜗牛状、瓜棱状……形态各异，不一而足。看来金源地区的先民们是非常爱美的，金源地区的琉璃艺人制作琉璃饰品也是不遗余力的。

串珠的穿孔差别也很大，有的细如发丝，有的又非常大，甚至有的串珠因穿孔大而外壁成了薄片，简直就是"圆环"了。串珠的透明度也不一样，这将在下一节中加以介绍。

除了出土单一状串珠外，还出土了一些连珠，有"二连珠""三连珠"等，这大概是取自"珠联璧合"之意吧。这种连珠看着美观、用着吉祥，由此体现出古人对生活的热爱与美好憧憬。

最美的串珠要算这两枚枣核状刻花串珠了，一枚是深绿色的，一枚是浅蓝色的。串珠通体用线刻手法雕出花纹，填上颜色。有的串珠填上金粉，填金粉的工艺叫作"填金"或"戗金"。它们虽然在地下埋藏了近千年，色彩基本脱落，但浅绿色的那一枚串珠仍依稀可见金色光芒的闪现。如图14至图26所示。

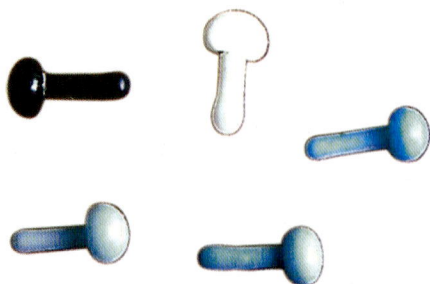

图13　彩色琉璃耳钉

图14　齿轮状琉璃串珠

图15　齿轮状蓝色琉璃串珠

图 16　绿色琉璃串珠

图 17　彩色琉璃串珠

图 18　彩色琉璃串珠

图 19　蓝色琉璃串珠

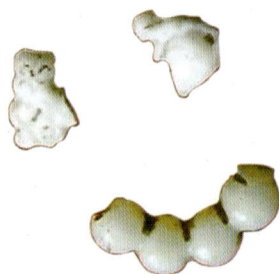

图 22　白琉璃四连珠

图 20　琉璃串珠

图 23　枣核形琉璃串珠

图 21　琉璃连珠

图 24　枣核形戗金琉璃串珠

图 25　蓝色琉璃串珠

图 27　琉璃球

已经掌握。近年辽墓出土的透明玻璃杯，其
透明度和大小都与现代的玻璃杯差不多，这
说明金初制造透明玻璃已不是难事。这种
"无眼圆珠"也有连珠形。白城村三队出土
了一件琉璃"四连珠"，为目前仅见的一种，
其美观效果更加浓郁。图 28 至图 32 所示。

图 26　彩色琉璃串珠

（5）琉璃球（圆珠）

在金源地区还出土了大量琉璃球，或称
"无眼圆珠"，如图 27 所示。其中有不少琉
璃球呈半球状。这些半球状琉璃球都是制作
出来的，并非残品，它们应该是衣帽装饰用
的镶嵌物。我国古代先民素有使用玉石点缀
衣帽的习俗，金源地区也发现了大量琉璃
球，可知女真人用这种"人造宝石"点缀衣
帽已成为一种时尚，或者说是一种习俗。

这些琉璃球也和串珠一样，大部分不透
明，只有一小部分是半透明的，极个别的是
透明的，还有的可以说是非常通透的。从这
些出土实物来看，透明玻璃技术早在金初就

图 28　白色大琉璃球

图 29　蓝色大琉璃球

图 30 彩色琉璃球

图 31 蓝色大琉璃球

图 32 透明琉璃物

（6）纽扣

在金源地区出土的"琉璃世界"中还发现了一些纽扣，呈圆珠状或圆片状，如图所示。有的纽扣是在琉璃尚未冷却时将事先做好的金属"鼻儿"插进琉璃球中，冷却后就成了现在人们所说的"疙瘩扣"了。最大的纽扣直径约 10 毫米，最小的纽扣直径约 8.5 毫米。有的纽扣"鼻儿"不用金属丝，是在成形时直接于球体上做出穿孔。有的纽扣带有模印出来的花纹，有的纽扣带有雕刻出来的花纹。可见，女真先民们在小小的纽扣上是花了不少心思的，他们喜欢美并创造美。但他们是用什么工具制造出来这些琳琅满目的纽扣呢，不得而知，有待进一步研究。

这种"疙瘩扣"发现的不多，但都非常精美。虽然金属"鼻儿"已经生锈，甚至腐蚀，但依然光彩夺目，用现在的眼光来衡量仍不失为一种高档艺术品。

（7）戒指

金源地区出土的琉璃戒指不算多，又因其与耳环的形制大小差不多，易混淆。实际上戒指和耳环还是很容易分辨的。耳环的内壁和外壁都呈圆弧状，而戒指外壁呈圆弧状，内壁是平直的，如图 35 所示。也有戒指的内外壁都是平直的，或者戒指的内外两壁是使用两种不同颜色材质制作而成的，看上去非常清新美观。900 多年前女真先民们用很难掌握的琉璃技术工艺创造出这么精美的艺术品，真是难能可贵，也是值得骄傲的。

图 33　琉璃纽扣

图 35　琉璃戒指残件

图 34　玻璃纽扣

2. 装饰类

金源地区出土的装饰类琉璃物件可分为吊坠饰物、动物形饰物、葫芦状饰物、彩色琉璃玉壶春瓶等，下面分别介绍。

（1）吊坠饰物

金源地区出土的琉璃吊坠饰物可分为耳坠、扇坠、剑柄坠、帐坠、帘坠、腰坠等。

耳坠，前面已经谈到了，体型较小。比耳坠大一点的是扇坠和剑柄坠。扇坠在明清时期大多用玉石或翡翠制作，琉璃扇坠相对较少。而在金初琉璃扇坠却被广泛使用。从现在出土的实物来看，大多数的琉璃扇坠呈对称菱形，似蝴蝶状（如图1所示），长26.4毫米、宽9.0毫米。有的扇坠呈蝉形，坠体上下有一个贯通的孔，用以穿绳，如图2所示。扇坠宽17.1毫米、厚5.2毫米。还有一些"扇"形吊坠中间只有一个小孔，用以穿绳，应为帘坠或帐坠。如图3至图11所示。这些坠饰都随外形饰以不同的花纹，加上鲜艳的色彩，确实起到衬托主体物的作用，达到很好的审美效果。

图3　蓝色琉璃坠

图4　白色琉璃坠

图1　蝴蝶形琉璃坠

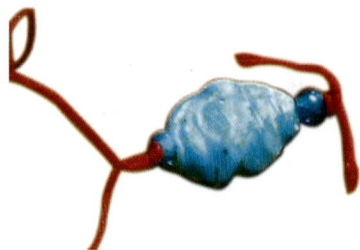

图2　蓝色琉璃蝉形坠

图5　白琉璃坠

图 6　白琉璃坠

图 9　葫芦形琉璃件

图 7　蓝色琉璃坠

图 10　绿色琉璃坠

图 8　黑色琉璃坠

图 11　白色琉璃坠

（2）动物形饰物

金源地区出土的动物形饰物虽数量有限，但品类繁多，发现的既有飞禽也有走兽，最近还发现了草虫图形的。

雕饰的飞禽中有凤也有鸡。饰"凤"物件中有的可以平放在案子上，好像是摆件，有的则无法平放，应是其他物件上的配品。因出土的大多是器物残件，无法判断是何种物件上的配品，有待于今后的发现来证实。

饰"鸡"的物件中其造型很复杂，有大有小，有站有卧……它们都是装饰在什么地方的，因缺乏资料而无法确定。其中有一只"母鸡"，造型非常逼真，通身呈淡淡的蓝色，而"鸡翅"则呈淡绿色，"耳坠"处点缀了一抹红色，真是美极了。虽然"鸡翅"和"耳坠"都是"粘"上去的，可一点儿也感觉不到生硬，足可证明当时的琉璃制造工艺已达到了出神入化的程度。如图12至图18所示。

图 13　蓝色琉璃凤形饰件

图 14　白色琉璃凤形饰件

图 12　淡蓝色琉璃凤形饰件

图 15　琉璃象形饰件

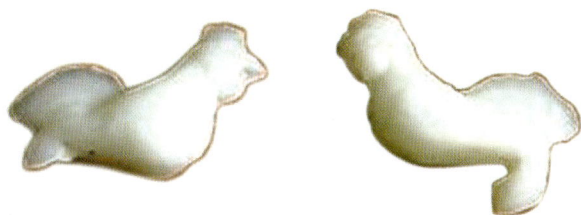

图 16　白色琉璃鸡形饰件

图 17　琉璃凤形饰件

图 18　彩色琉璃鸡形饰件

（3）葫芦状饰物

金源地区出土的葫芦状饰物也不少，但基本上造型比较简单。虽然器件大小不一，但没有多大变化，有的好像在葫芦把处嵌有金属丝之类的东西，可惜已经全部被腐蚀掉了。这些葫芦状饰物到底是用在什么地方的，尚无法确认。有人认为是一种纽扣，问题是仅靠一点细金属丝做"鼻儿"，能承受住作为纽扣的拉力么？如图19、图20所示。

图19　葫芦形琉璃件

图20　葫芦形琉璃件

这些琉璃"葫芦"颜色各异，有白色、蓝色、绿色，有的还鎏了一层金。它们的用

途尚不好猜测，有待进一步考证。

（4）彩色琉璃玉壶春瓶

金上京遗址内的白城村三队出土了一件瓶状的琉璃饰物（见图21所示），那是一件活脱脱的琉璃"玉壶春"瓶。瓶体通身呈藕荷色，还点缀了一些其他颜色，底部饰以较深的颜色，使人看了有种"琉璃瓶之下嵌有底托"的感觉，真是美极了。如果不是笔者亲眼看到，还真的不敢相信这是八九百年前的琉璃瓶，就是现在的琉璃艺术品店里我也没看到过如此精美的艺术品。

这个琉璃瓶是什么装饰物还不知道，在其瓶口处尚留存未被腐蚀掉的金属丝，可能当时在金属丝上还装有花饰。由此看来，它应该是插花之瓶。有待进一步求证。

如图22为金代琉璃玉壶春瓶，图23为陶质铁花玉壶春瓶，可见金代制作技艺水平已经达到高超的程度。

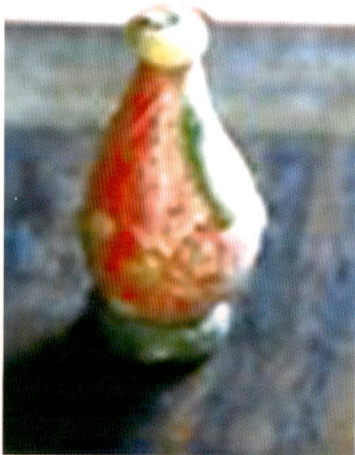

图21　彩色琉璃玉壶春瓶

件，如图24至图35所示。

图22　琉璃玉壶春瓶

图25　白琉璃饰件

图23　铁花玉壶春瓶

图26　各色琉璃残件

（5）其他琉璃残件

金上京遗址内还出土了一些琉璃饰物残

图27　各色琉璃残件

图24　白色琉璃寿字残片

图 28　各色琉璃

图 29　白琉璃饰件残

图 30　　各色琉璃残件

图 31　各色琉璃残件

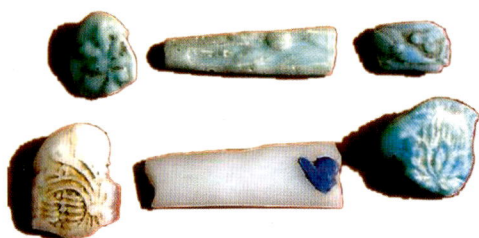

图 32　各色琉璃残件

图 33　各色琉璃残件

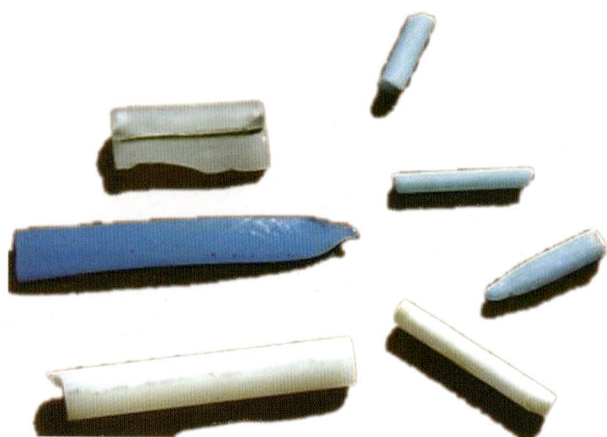

图 34　各色琉璃残件

图 35　各色琉璃残件

金源出土的陶器研究

　　陶器，是我们人类发明的第一种用"人造材料"（宋伯胤语）制作出来的用具。制陶技术的出现对便于烹煮食物、改善生活，确是开辟了一个新纪元。陶器起源于何时，目前尚无明确的定论，传说中既有女娲氏炼五色石补天或以水抟黄土作人的故事，又有"舜陶河滨"或"昆吾作陶"之说……但这些都与诸如神农尝百草、嫘祖教养蚕、仓颉造文字、大禹铸九鼎的传说一样，只是把他们冠以"发明家"的名字，并没有对其具体发明制作过程做出实质性的回答，更无实物可以证明。因此，这些疑问就成了学术界的重要研究课题。但是，从国内外人类学研究报告中可以得出：陶器出现是"长期实践的结果"这一"明确答案"。

　　人类对水、火、土的认识和生存生活的需求是陶器诞生的基本背景。这从民族学和考古学上都可以得到充分的物证。陶器的发现和发明肯定是经过了漫长探索和多次实践的过程。正如宋伯胤先生在他的《宋伯胤说陶瓷》一书中所言："陶器的出现，不能简单地理解为智慧火花的迸发，更不能把它当作偶然遇到的'机遇发现'。它应该是在一定社会历史和技术条件下产生并对物质环境改造的能力的反映；应该是人类在长期的社会实践过程中，依靠自己的直观和洞察力对自然规律的发现和运用的结果；还应该把它看作是人类对水、火和泥土的征服。"陶器的产生不是单纯地利用天然材料，而是发明了全新的"人造材料"①。这一发明不仅揭开了大自然的奥秘，而且引导了以后陆续出现在文明世界的金属冶炼、玻璃熔制和瓷器烧造等等。

　　宋伯胤先生还在他的《宋伯胤说陶瓷》

---

　　① 用黏土烧制陶器，不仅改变了自然物的形态、也改变了它们的本质。黏土是由某些岩石风化的产物，如云母、石英、长石、高岭、多水高岭、方解石，以及铁质、有机物等所组成。在以摄氏800度以上的温度烧成时，黏土中发生一系列复杂的化学变化，包括失去结晶水，晶形转变固相反应，以及低供熔玻璃相的产生等。也就是说，陶器的原料具有耐火性和烧结性，不易腐蚀；可塑性强，根据不同的需要可以制成各式各样的器皿；还有一定的抗氧化性能，使用时间较久等优点。

一书的开篇引用了郭沫若先生的一首词，说明"陶"是融理性、感性、科学性于一体的智慧产物，彰显了人类征服自然界的伟大力量和聪明才智。

> 土是有生之母，
> 陶为人所化装。
> 陶人与土配成双，
> 天地阴阳酝酿。
>
> 水火木金协调。
> 宫商角徵交响。
> 汇成陶海叹汪洋，
> 真是森罗万象。

——郭沫若《西江月》

陶被发明以后，便逐渐用于生产和生活的各个方面，如用于天然纤维和动物纤维（羊毛、驼毛等）加工用的纺锤，用于取水、运水、贮水、烧水、喝水等被现代人称之为"坛坛罐罐"的一些名目繁多的器皿。后来随着陶的用途范围扩大，便出现了陶器的档次品级，并且为使用方便而做成了各种形状。再后来由于某一档次上的需要而又进行了诸如压花（纹）或划花（纹）等复杂的装饰艺术。从目前考古学成果上已证实，发现的陶器数量是非常惊人的。从漫长的历史进程中，陶器不仅逐渐成为人类生活中的多功能的器物，而且还发展了存在于社会和生活中的实用的、具有感情色彩的样式，如萌生于动植物形象的造型、装饰及线条与色彩的美。由此，"陶"也就成了一种文化。图1、图2分别为河南省新郑市裴李岗遗址出土的

泥质红陶双耳壶和三足钵，距今已 5000余年。

图 1 泥质红陶双耳壶

图 2 泥质红陶三足钵

宋伯胤先生在《宋伯胤说陶瓷》一书中还说："我们都很清楚，古代的陶瓷器虽是一件件普普通通的日用器皿，但它和人类社会各种文化有着密切关系。除了无陶器的远古时代，除了一直到现在还不使用陶器的某些土著民族，人们几乎天天都要和陶瓷器打交道。小小的陶瓷器，可以体现不同地区、不同民族的传统习惯和爱好，具有使用价值和商品价值。它们往往能折射出社会生活方方面面景象，反映了社会及个人对于装饰美的崇尚倾向和追求，当然也表现出制瓷艺匠

的个人才能和技术。再从一部物质文化史的整体看，陶与瓷都是以新的物质出现在两个相距较远的历史时期。在它们被人发现和利用后，它一定是模仿和替代了一些别的质地的器物，一定也受到别种器物在技法与装饰上的影响，一定会不断有全新的创作问世。……"所以，人们对于陶的研究也正是这样入手的。此外，清末著名金石学家、山东潍县陈介祺（号簠斋）也曾研究陶器，著有《簠斋金石文考释》和《簠斋传古别录》等。其后人陈继揆教授纂辑出版了《簠斋论陶》。文中收集大量自今平度东南"即墨古县"出土的陶器残片，这一发现"值得载入文物考古的史册"。即墨古县出土古陶，其他地方也应有古陶出土。

笔者住在黑龙江省哈尔滨市，距金太祖完颜阿骨打称帝的金上京会宁府遗址（今黑龙江省哈尔滨市阿城区白城）不足30公里，在收集金源瓦当时得到一批金源陶器，多为残片。然而这些残片上有的有文字，有的有花纹，制作精美，造型别致，可见当时的上京会宁府曾雄霸一方、兴盛一时，不仅军事力量强大、文化艺术也相当发达。金源地区出土的大量文物就很具说服力，是灿烂辉煌的中华文明的重要组成部分。

金源地区出土的陶器笔者分为七大类，即器皿类、玩具类、建筑构件砖瓦类、冥器类、纺锤类、封泥类及黑陶类。

1. 器皿类

金源地区处在我国东北边陲，是以游牧兼渔猎等生活方式为主的女真人聚居之地，

文化、艺术等相对落后。特别是金国建立之前，瓷质器皿当属生活奢侈品，人们仍大量使用陶制品和木制品。金建国后，由于受北宋和辽国的影响，制陶业得到迅速发展，金源内地也开始烧制陶器、瓷器。因此金源地区出土了大量的陶器残片。从这些陶器残片中可以看出，既有接近古陶器的"豆"，又有后世一直使用的"坛坛罐罐"，更多的是不古不今的器物——大概这就是那个时期的"时代特征"吧。如图1、图2所示豆形器，有盖，盖中间还有一个小眼，制作得非常精美。很明显，这是一件仿古器皿。而图3、图4所示则是后期常见的。图5所示更像是盛行于清代和民国时期的掸瓶。

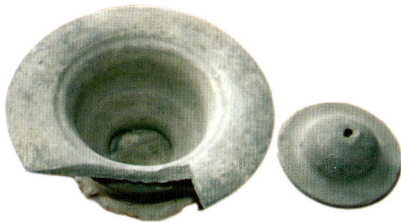

图1 陶质器皿

图2 陶质器皿

图 3　陶质器皿

金源地区还出土了不少"扑满",形状与金建国前中原地区的扑满大致相似。"扑满",就是现在所说的"储钱罐",为日常储存零星铜钱所制,仅有入孔,而无启盖。《西京杂记》卷5记载:"扑满者,以土为器,以蓄钱,具有入窍而无出窍,满则扑亡。"即铜钱装入"扑满"以后不打破钱罐钱是拿不出来的。等铜钱装满以后,将罐体打破把钱拿出来,数目将是可观的,亦正所谓"满则扑亡"。金源地区出土的扑满大多是被打破罐底的,说明了它们是被使用过的,如图6所示。

图 4　陶质器皿

图 6　扑满

图 5　陶质器皿

有的瓶罐之类的器皿还装饰了一些花纹,花纹有"回"字纹等(如图7所示);还有一些灰陶碎片已经辨认不清是什么器皿了,但花纹却是清清楚楚的。这些花纹有阳文的,也有阴文的,大部分是印制的,也有刻划的。如图8所示就是一件刻划葫芦缠枝纹的陶器残片。说起葫芦,在金源地区出土的陶器中不算少数,除图8所说的葫芦缠枝纹以外,还有一件像器皿腿的部位也刻有一个葫芦,如图9所示。图8残片是阴文线条,而图9残片则是印制出来的阳文葫芦。不管是"阴刻"还是"阳印",都极富美感,艺术水平是非常高的。这些陶器上的花纹,有的只是装饰在器皿的口沿部位(如图7、图9所示),花纹的种类也是多种多样的,如刻有福寿纹饰(如图10所示)。"福"与"寿"虽是用文字直接表现的,但这两个文字都做了变形处理,使其艺术性更高。

图9 葫芦图纹陶器残片

图7 回字纹陶器残片

图10 福寿纹陶器残片

图8 缠枝纹陶器残片

有的陶器是用菊花纹或莲花纹装饰的,花形虽然简单,但极富美感。有的器皿是"满工"制作,花纹饰满整个器皿。有的器皿只装饰外侧,也有的装饰里侧,花纹非常复杂,但修饰繁而不乱,似乎随意而作,又

不失水准。如图11所示是一件花纹装饰在器皿内部的陶器残片。这件陶器应非比寻常,它把繁复的花纹装饰在器皿内部不知是何用意,按道理来讲修饰是为了美观悦目,一般都装饰在明显的地方。这件陶器却把花纹装饰在器皿内部,别说器体内部装满东西看不见、就是不盛装东西也难看清里面的纹饰,所以匠人用意令人费解。

还有一件陶器残片不知是何种器皿上的残片,如图12所示,口沿处是"飞天"和荷花图案,下面则是一个"绣球"。飞天、荷花和绣球都与佛教有关,这大概是香炉一类的器皿残片,这在金源地区出土的文物中是不多见的。

金源地区出土的陶器不光有文字、有花纹，有的还有押记。如图 14 所示就是一个带有押记的陶器残片，上面的"押记"图形是金初朝廷押印经常使用的一个图形。可见，金初时期政府管理在陶器制作经营方面是非常用心的、认真的。图 15 至图 26 为金源地区出土的陶器残片。

图 11 花卉纹陶器残片

另外一件陶片更不知是何器物的残片（如图 13 所示），上面的纹饰好像是由梵文或藏文组成的图案，颇具神秘色彩。此纹饰是否与宗教有关，有待进一步研究。

图 14 押记陶器残片

图 12 刻花陶器残片 ·

图 15 陶器残片

图 13 刻花陶器残片

图 16 陶器残片

图 17　陶器残片

图 20　陶器残片

图 18　陶器残片

图 21　陶器残片

图 19　陶器残片

图 22　陶器残片

图 23　陶器残片

图 26　陶器残片

图 24　陶器残片

2. 玩具类

　　我国制陶业的历史非常悠久，关于制陶的专门著录也不少，但却没有陶制玩具的专门论述。1995 年白建国编写的《中国古代瓷塑玩具大观》一书出版，其中论述内容大多以瓷塑玩具为主，对陶塑玩具涉及不多。可是陶制玩具的历史，从目前所了解的资料来看，其历史更为悠久。如甘肃省广河县半山马家窑文化遗址中发现的"人头饰器盖"（如图 1）是某器物盖钮，人头形，五官俱全，用彩色描绘出须髭和面纹，构成了一个完整的人头形，是目前所发现的最早的人形陶塑作品。到了汉代，陶塑玩具大量出现，陶俑也广泛使用，陶俑中的人物形象多种多样，有文有武。不仅有乐伎，还有仪仗；不仅有人物，还有动物，如牛羊鸡狗猪等样样俱全；不仅有车，还有船。东汉人王符（85—163 年）在他的《潜夫论·俘移》中提到：汉代的玩具"或作泥车、瓦狗、马

图 25　陶器残片

骑、倡俳，诸戏弄小儿之具以巧诈"，可见当时的儿童玩具中已经有了"泥车、瓦狗"之类的东西。考古工作者也从汉代的墓葬中发掘了大量陶制艺术品，有人物形象各异的陶俑，或站或坐，还有乐伎俑、武将俑等陶品，制作简洁大气，形象夸张，具有高度概括的艺术风格。

图 1　人头饰器盖

到了唐代，造型艺术发展到一个新的高度，我们在出土的唐三彩中可以看到非常精美的作品，同时也丰富了陶瓷玩具的制作工艺技术。陶（瓷）塑玩具此时也进入了高度发展的阶段，取得了较高成就，并且出现不少大师级人物。例如：陶塑大师杨惠之的作品就有人将其与吴道子的绘画相提并论；还有捏塑艺人张爱儿，彩塑艺人王温、刘九郎等。由此，陶塑玩具题材亦大为扩展，数量猛增。

到了宋代，陶（瓷）塑玩具发展空前繁荣，造型生动活泼，种类多种多样，受到当时人们的喜爱。地处我国东北边陲的女真人于北宋末期逐渐强大，建立了金国。随着北宋的灭亡，大量伎艺匠人流入金源地区，民间也生产一些陶塑玩具，虽然各方面还不如

中原地区作品精彩，但是作为此时此地的玩具颇有民族特点和地方浓郁色彩，是我国民族文化中的一朵奇葩，是不可多得的艺术珍品。

在金源地区出土的一些陶塑玩具中，不仅有人物，还有动物。动物中有天上飞的、地下跑的、水中游的，样样都有。但这些出土的陶塑中完整的很少，因为陶器是易碎品、不易保存，但就从这些残片中我们仍不难看出它们的美丽来。首先是一件"魔合乐"，如图2所示就是一件阳文模具"魔合乐"，上面的人物是一位女性，头上戴有像戏曲《四郎探母》中辽国铁镜公主头上戴的那种帽子，是一种坐姿，手里还拿着一张弓，可见金初的女真人是尚武的。图3所示只有肩和头部，头上戴着一顶软帽，显然是一个老汉的形象。图4所示虽然只剩下一点头部，但仍不难看出这是一个幼儿的形象，头上还戴着"虎头帽"，可爱极了。还有一些陶制玩具的头部因磨损较严重，很难辨别其形象。

图 2　陶塑"魔合乐"

是孩子们喜爱的动物形象，可见当时的艺人把儿童心理揣摩得非常准确。

图 3　陶人

图 5　陶熊

图 4　陶人

图 6　陶狗

　　金源地区出土的动物形陶塑玩具也非常丰富。首先看图 5 所示的一只小熊，造型非常简单。但小熊的形态活灵活现，一看就活脱脱地把"熊"这种北方寒冷地区特有的动物形象展示出来。将这一北方特有物种拿来作为玩具，在中原地区是很少见的。图 6 所示是一条狗，虽然只剩下一个狗头，但一看便知是一条乖巧的狗，可爱至极。熊也罢、狗也好，还有猪牛羊等（图 7 为陶猪），都

图 7　陶猪

鱼，是人们接触最多也是最爱食用的一种水生动物。鱼又是我国传统的吉祥物，自古人们就喜爱佩戴鱼形饰品。女真人兼有渔猎、农耕与畜牧的生活方式，对鱼是情有独钟的，每年春天冰雪融化之时都要举行隆重开江仪式、吃"开江鱼"。这种习俗在民间一直保留至今。鱼作为儿童玩具的造型当然是一个重要的创作题材了。图 8 所示就是一个制成鱼形的哨子，至今仍能吹出响亮的声音。图 9 所示也是一个哨子，似猪，又像鱼，这种"四不像"玩具乍看起来略显"笨拙"，其实它的制作技术要求是非常高的，要体现出多种动物的形象特征，非一般人能够制作出来的。图 10 所示是一个杏核形小哨，不仅能吹且两头都有穿孔，可以穿绳携带在身上。可见当时的艺人想得多么周到。

在金源地区鸟形玩具也出土了不少，图 11 所示就是一例，保存得非常完整，造型简单而略有夸张，栩栩如生。

金源地区出土的玩具中还有一些花篮等陶塑制品，但并不多见。

图 9　陶鱼

图 10　灰陶杏核形玩具哨

图 11　灰陶玩具鸟

图 8　陶鱼

3. 建筑构件砖瓦类

（1）瓦当

瓦当是中国古代建筑构件，是接近屋檐

最前端的一个筒瓦的瓦头，形状有圆形或半圆形，表面多有文字或花纹。它既有保护建筑物檐头的实用功能，又有美化屋檐的装饰作用。瓦当不仅有很高的艺术价值，还有很高的学术价值，它的文字、花纹等图案有助于了解古人的历史渊源、风俗喜好，而且对古代历史地理、思想意识的研究有一定的参考价值。

图 2　龙纹红胎绿釉琉璃瓦当

图 1　建筑物檐头

图 3　龙纹瓦当

金源瓦当的发现使我国古代瓦当又多了一个重要成员，不仅填补了一项研究空白，也丰富了我国古代瓦当的种类。

金源瓦当多以灰陶为主，按图案分可为四类，即龙纹瓦当、人面纹瓦当、兽面纹瓦当和花卉纹瓦当。

A. 龙纹瓦当

"龙"，在封建社会是帝王们的专用图腾，金源地区发现了大量的龙纹瓦当，如图2、图3所示，进一步说明了这里曾是帝王之都。金源地区出土的"龙"大多是"四肢三爪"，且为舞龙状，这正是和中原地区出土的龙纹瓦当之最大不同。

B. 人面纹瓦当

在金源地区出土的瓦当中人面纹瓦当所占比例较大，也是最为奇特的，如有琉璃质瓦当，也有灰陶质瓦当，而且人物年龄从儿童到老年各个年龄段的都有，人物身份更是五花八门，大致可归纳为平民、官员、武士和神怪四大类。所塑人物形象逼真，各色人物一目了然，平民使人感觉可亲可近，官员形象令人生畏，神怪形象让人产生恐惧。而且神怪类瓦当的造型装束奇特，有的表情神秘怪异，有的着装复杂、佩饰奇异，应是女真人笃信萨满教的产物，如图 4 至图 24 所示。金源地区还出土了带有"卍"字形和八卦符号的纹饰物，说明这里曾是佛教和道教共同活动的地区。

图 4　人面纹瓦当

图 5　人面纹瓦当

图 6　人面纹瓦当

图 7　人面纹瓦当

图 8　人面纹瓦当

图 9　人面纹瓦当

图 10　人面纹瓦当

图 13　人面纹瓦当

图 11　人面纹瓦当

图 14　人面纹瓦当

图 12　人面纹瓦当

图 15　人面纹瓦当

图 16　人面纹瓦当

图 19　人面纹瓦当

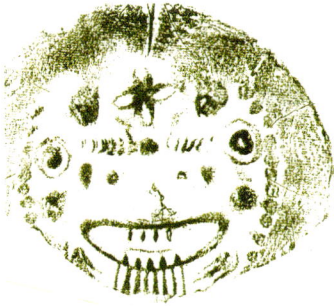

图 17　人面纹瓦当

图 20　人面纹瓦当

图 18　人面纹瓦当

图 21　人面纹瓦当

图 22　人面纹瓦当

图 23　人面纹瓦当

图 24　人面纹瓦当

C.　兽面纹瓦当

在金源地区出土的瓦当中兽面纹瓦当数量最多，形象也最为奇特，且与中原地区出土的瓦当有着明显区别。兽面形象涉及面广，大多各具特色，如 25 至图 62 所示。

兽形类陶制构件形体最大的应该算是"鸱吻"了。如图 95 所示，是在金源地区的金上京遗址五重殿出土的，通高 12 厘米、长 21 厘米，应该是建筑物上最小的一件鸱吻，但保存比较完整，各细部也非常清晰，生动活泼。此鸱吻虽然小了点，但通过它可以了解金初皇城的建筑风格。从其形制来看也算是上承之作，是北方少数民族工艺技术的杰出代表作之一。

金源地区出土的瓦当，造型设计的最大特点就是不受约束，女真先民们想怎么做就怎么做、想到什么就做什么，丰富多彩、异彩纷呈。所以，兽面纹瓦当造型粗犷、豪放、质朴而又耐人寻味，不仅有"龙"、有"虎"，还有"猪""牛"等，可称为无奇不有、蔚为大观。

图 25　兽面纹瓦当

图 26　兽面纹瓦当

图 29　兽面纹瓦当

图 27　兽面纹瓦当

图 30　兽面纹瓦当

图 28　兽面纹瓦当

图 31　兽面纹瓦当

图 32 兽面纹瓦当

图 35 兽面纹瓦当

图 33 兽面纹瓦当

图 36 兽面纹瓦当

图 34 兽面纹瓦当

图 37 兽面纹瓦当

图 38　兽面纹瓦当

图 41　兽面纹瓦当

图 39　兽面纹瓦当

图 42　兽面纹瓦当

图 40　兽面纹瓦当

图 43　兽面纹瓦当

图44　兽面纹瓦当

图47　兽面纹瓦当

图45　兽面纹瓦当

图48　兽面纹瓦当

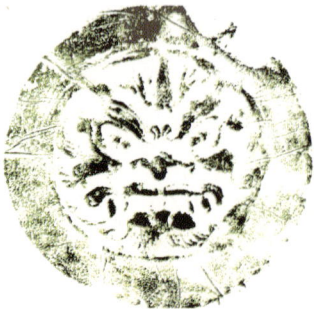

图46　兽面纹瓦当

图49　兽面纹瓦当

图 50 兽面纹瓦当

图 53 兽面纹瓦当

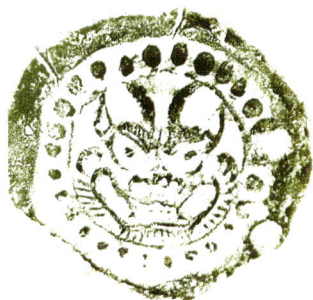

图 51 兽面纹瓦当

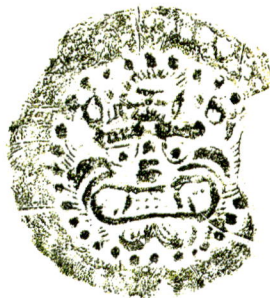

图 54 兽面纹瓦当

图 52 兽面纹瓦当

图 55 兽面纹瓦当

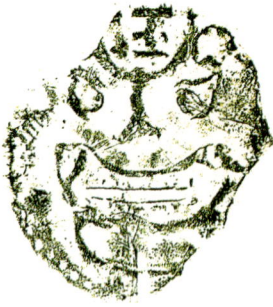

图 56　兽面纹瓦当

图 59　兽面纹瓦当

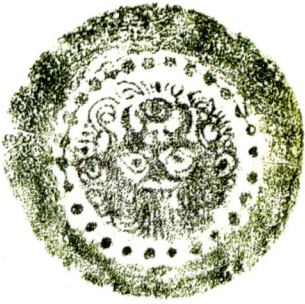

图 57　兽面纹瓦当

图 60　兽面纹瓦当

图 58　兽面纹瓦当

图 61　兽面纹瓦当

图62　兽面纹瓦当

图64　花卉纹瓦当

D．花卉纹瓦当

在金源地区出土的瓦当中花卉纹瓦当品种较少，现在所发现的也只有牡丹花纹瓦当和莲花纹瓦当两种。金源地区盛产芍药花，芍药花和牡丹花形状一模一样，芍药花也就是人们常说的"草本牡丹"。女真人特别喜爱芍药花，多方采用，几乎在金源地区出土的遗物中常见此类花纹，所以芍药花似有金国之"国花"称谓。因此，芍药花在金源地区种植是很普遍的，将其用在瓦当上也是顺理成章的。如图63至图69所示。

图65　花卉纹瓦当

图63　花卉纹瓦当

图66　花卉纹瓦当

图 67　花卉纹瓦当

图 68　花卉纹瓦当

图 69　花卉纹瓦当

（2）雕砖

对于瓦当的研究自宋代开始各朝都有著述，但对"雕砖"的研究却相对较少。这到

底是什么原因？笔者不敢妄谈，但对瓦当的研究中发现一个现象，就是过去对文字瓦当研究比较重视，而对纹饰瓦当诸如饰有动植物的瓦当研究不足。然而，纹饰和文字一样都是古人留下的艺术珍品和第一手实证资料，同等重要。金源地区出土的一些雕砖，更是弥足珍贵，是不可多得的实物佐证。这里将介绍一些给大家。

图 70　花卉纹石雕

A. 龙纹雕砖

龙纹雕砖目前在金源地区出土的有两种类型，一种是正方形的，一种是长方形的。正方形龙纹雕砖如图 71 所示，中央有一条飞舞的巨龙，周围火焰缭绕，雄伟、大气，应是金上京主要建筑物上的构件。而另一件长方形雕砖则是"走龙"形象，周围饰以花纹，不仅纹饰精美而且完整，是一件难得的艺术珍品，如图 72 所示。

在金源地区还出土一件极品蟠龙云卷纹雕砖，如图 73 所示，应属金代雕砖艺术的早期作品。一条雄伟昂首的蟠龙，在翻滚着漫无边际的青云中稳健飞舞穿行，气势磅礴，可见金初雕刻艺术已达到很高水平。蟠龙的动势、卷云纹的穿插等，使雕砖整体布局优美，形态自如，制作精巧，是一件难得的稀世珍品。

图 71　正方形龙纹雕砖

图 72　长方形龙纹雕砖

图 73　龙纹雕砖（黑龙江省博物馆藏）

图 74　方形花纹雕砖（残件）

B. 满工花卉纹雕砖

如图 75 所示，是一种类似牡丹花卉的纹饰，雕琢在砖的侧面。可见，当时用雕砖装饰的建筑还是不少的。

图 75　花卉纹雕砖（侧面）

C. 开光纹饰雕砖

开光纹饰雕砖至今尚未发现非常完整的，图 76、77 虽然已残，但我们仍不难看出它的精美。

图 76　方形故事雕砖

图 79　汉文雕砖"德保平安"

图 77　方形花卉雕砖

图 80　龙纹建筑构件

图 78　花卉纹雕砖

图 81　花卉纹建筑构件

图 82 龙纹勾滴

图 86 吉祥花纹勾滴（拓本）

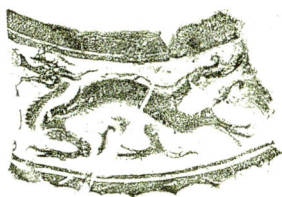

图 83 龙纹建筑构件（拓本）

图 87 花卉纹建筑构件筒瓦

图 84 龙纹建筑构件（拓本）

（3）陶塑

在金源地区还出土了一些动物造型雕塑，既有"鹰""凤"之类的禽类，又有"马""狗"之类的兽类，异常精美。其中"凤头"上的冠状物形态多种多样，有火焰形的、有螺旋形的，有的甚至像西方国家女王头上的桂冠，如图 107、108 所示，构思巧妙。这些禽类雕砖用在建筑物的哪个部位，尚难以确定。应该有的是放在影壁墙上的，有的是放在殿脊上的。2003 年黑龙江省文物考古所在哈尔滨市阿城区亚沟乡发掘了号称"金国第一殿"的朝日殿，出土了一件类似"望柱"的灰陶摆件。此望柱大约 30 厘米高，顶部有一只"凤凰"，与皇城遗址出土

图 85 吉祥草纹勾滴（拓本）

的凤头大同小异。这个"望柱"是摆在什么位置的？是供桌上还是什么别的地方，有待进一步研究。

金源地区出土的兽形类纹饰陶器中，最精致还有一件陶马，如图109、110所示。马鬃飘逸，后腿下蹲，前腿翘起，昂首挺立。此马很像盛传中唐玄宗时期的"舞马"。传说，唐玄宗时期有驯马师驯服一批能翩翩起舞的马，叫作"舞马"，在唐玄宗八月五日庆寿之时，除了群臣百官贺寿、乐工咏寿场面，还有舞马翩翩起舞，衔杯拜寿的场面，这就是有名的"舞马献寿"故事。以前人们认为这只是一个传说，是文人们舞文弄墨、无中生有，现实中不可能有这种马的存在，直到1970年在西安城南何家村出土了一大批唐代窖藏珍宝，其中有一件"鎏金舞马衔杯银壶"，这一银壶上就有"舞马"的形象（如图111），人们这才相信"舞马"不仅仅是一个传说，而是在唐代真实存在的。

金源地区出土的这只陶马比鎏金壶上那只"舞马"的舞姿还优美，这样看来唐代有舞马，金代也可能有舞马。假设没有舞马，金代的帝王们也可能受"舞马献寿"传说的影响，将想象的舞马形象做成脊兽把它们放在殿脊上，抬头就能看见舞马的美姿，也是一件心旷神怡的事情。金源地区出土的瓦当与中原地区的瓦当有所区别，脊兽也当然不同于中原地区的脊兽。笔者曾在一个古玩商那里见过一只陶狗，蹲坐在那里"朝天吼"的样子。当时因不知道是何物，再加上东西残破，所以没有买下来，现在看来那应该是"脊兽"。马和狗都是游牧民族不可或缺的重要朋友，女真人把它们形象地放在屋脊上，可见其重视程度。

图88　灰陶凤头

图89　灰陶龙头

图90　灰陶凤头

图 91　陶凤

图 94　陶凤

图 92　陶凤

图 95　鸱吻

图 93　陶鱼

图 96　陶龙

图 97　脊兽

图 100　陶俑

图 98　构件

图 101　陶塑

图 99　陶俑

图 102　陶罐

图 103　陶件

图 106　陶猴

图 104　陶凤

图 107　陶凤

图 105　陶凤

图 108　陶凤

图 109　脊兽陶马

图 112　龙纹残片

图 110　脊兽陶马

4. 冥器类

中国自古以来就有埋物祭地的风俗，如《吕氏春秋》记载："有年瘗土，无年瘗土。"汉代以前，人们模仿祭地方式将死者生前用过的物品制成冥器埋于死者墓穴里。至汉时，始流行瘗钱。所谓"瘗钱"，就是生者将陶币、五铢钱埋于死者陪葬的陶瓷仓罐里。这一习俗流传至今。

金源地区也出土了大量陶制冥器，数量最多的是陶制冥币，一般是用泥土制成钱的形状，在上面印有当时流通钱币的钱文，晒干烧好，算作钱币了。如图 1 所示。除钱币外，还出土了一些陶制生活用品，如坛坛罐罐、盆盆碗碗等。最值得一提的是一件陶制"柳罐斗"，如图 2 所示。本来是用柳条编制的用来打水用的汲水具，这里用泥做成烧好，竟然如此精美、形象逼真。此外金源地区还出土了不少象棋棋子和围棋棋子，也是陶制的，看来下棋是金时人们非常喜好的一种游戏。如图 3 所示。

图 111　舞马

　　金上京历史博物馆收藏了不少陶俑，有的穿"官服"，有的穿"民服"。看来金源地区也流传着中原习俗："事死如事生"的观念，认为人死后仍可继续享受富贵，并制作陶俑、陶冥币等陪葬。如图4至图10所示。

图3　陶棋子

图1　陶冥币

图4　陶片

图2　陶柳罐

图5　陶塑

图6　陶俑

图7　陶俑

图8　陶俑

图 9　陶罐

图 10　陶罐

5. 纺锤

　　金源地区出土的纺锤大小不一，形状各异。女真族是游牧兼狩猎民族，衣物要用兽毛纺成毛线来编织。纺线的工具是一根芋状物，一头插在一个圆形重物上，一头绕上毛线，这样不仅可以使芋子转动起来，还可以增加芋子运动惯性。这种工具叫作纺锤，直到现今我国的一些边远地区仍有人使用，是一种非常简易而实用的纺织工具。金源地区出土的纺锤，不仅有陶制的，还有不少石质的，甚至发现少量玉质纺锤。可见金初人们使用纺锤的普遍性。如图 1 至图 4 所示。

图 1　陶纺锤

图 2　陶纺锤

图 3　陶纺锤

图 4　陶纺锤

6. 封泥

　　2002 年在哈尔滨市古玩市场上偶然看见了一些封泥，这些封泥有的是汉文，有的不知是何种文字。此前，笔者一直认为封泥都是秦汉时期遗物，那时黑龙江一带尚属"蛮荒之地"，哈尔滨不可能有秦汉遗物，故认为这些封泥不是假的、也是从外地贩来的，并未引起重视。同年夏天，笔者去金上京会宁府遗址（今哈尔滨市阿城）考察金源瓦当，有人告诉说"田老四"家有一个像棋子似的瓦片，上面印有"花"。因为说是瓦片，可能与瓦当有关，引起了笔者的兴趣。来到田老四家，那人问："听说你有个什么棋子，拿出来给这位看看。"田老四说："就在窗台上放着呢。"笔者拿在手中，乍一看确实像瓦片，上面花纹依稀可辨。当时笔者并没有具体看出是什么东西，只觉得很不一般，想把它买下来。而田老四并不想卖，经过再三商量才勉强买下来。回到家里仔细一看才发现上面是一个人头像的侧影，其背面有一凹槽状纹，觉得好像是封泥。再细看各部形状，认为完全符合封泥特征。后仔细查阅了不少资料，又在市场上买来一些封泥进行对照，邀约了一些朋友来共同鉴赏，大家一致认为"当为封泥无异"。如图1至图8所示。

载籍，然至后世其制久废，几不知有此事实。……封泥之出土，不过百年内之事，当时或以为印范。及吴式芬之《封泥考略》出，始定为封泥。"

图1　战国封泥（拓本）

图3　同心国丞（拓本）

封泥的使用最早见于先秦文献，但实物出土是近两百年的事。依古制，官吏去官须将原官印上交销毁。故存世古官印绝大多数是为殉葬而仿制的冥器。据记载，清道光二年（1822年），四川农民挖山药时发现一批封泥，有百余枚。其中若干枚为当时著名学者龚自珍所藏，吴荣光也得到6枚，1842年龚自珍将其摹入《筠清馆金石》中，这是对封泥的最早著录。但时人并不明其用，误以为"汉世印范子"。后刘喜海根据《后汉书·百官志》守宫令下本注"主御纸笔墨及尚书财用诸物及封泥"为封泥正名，并临摹"东郡太守章""同心国丞"等封泥30枚收入《长安获古编》。而对封泥使用的系统透彻研究，应始于国学大师王国维的《简牍检署考》。

图2　肖形封泥（拓本）

封泥又叫泥封，是古代用印的遗迹——盖有古代印章的干燥坚硬的泥团。封泥不是印章，是一种官印的印迹，为古代缄封简牍钤有印章以防私拆的信验物，即将上奏竹简捆好并在上面糊上泥团，在泥团上钤有玺印作为当时的一种保密措施。王国维在《简牍检署考》中说："古人以泥封书，虽散见于

但遗憾的是，遍查各种资料却没有关于金代封泥的著录。这次偶然发现的封泥，当年不被人注意的"泥片片"，现已确认为填

补金源封泥的首批实物了。

金源封泥有什么特点？它和其他时期、其他地区出土的封泥有什么不同？首先，"金源"是金国的发祥地，是我国北方少数民族女真人建立国家的第一个首都，是发动"灭辽攻宋"的策源地。女真人和我国北方其他少数民族一样，粗犷豪放，对中原文化既接受又不墨守成规，从金源文化的各个方面都可看出这一点，封泥也是如此。例如，由孙慰祖先生编著、上海书店出版社 2002 年出版的《封泥发现与研究》一书中说："战国封泥布局奇肆恣放、错落有致"，如图 1 所示，"秦代封泥圆活而畅达、工稳而不呆板"，"盛汉时期布局齐平工致、线条凝练遒劲"，如图 3 所示。相比之下，金源封泥就随便得多了。

图 4 封泥

金源地区出土的封泥，有"肖形"封泥，有图案形的（如图 5 所示）。图 2 所示肖形封泥上的人物浓眉大眼、口阔鼻长，是北方人的典型形象，头上戴着一种类似戏剧人物中帝王戴的"冲天冠"，表情威严大方、端庄肃穆，透射出一鼓帝王之气。孙慰祖先生编著的另一本书《古封泥集成》中收入古

代封泥近万枚，而"肖形"封泥只有两枚，可见其弥足珍贵。

图 5 封泥

图 6 封泥

图 7 封泥

图 8　封泥

7. 黑陶

金源地区也出土了一些黑陶，但数量不多，目前笔者发现两件。一件是黑陶"绣球"，制作得非常精美，周身有三个贯通的孔，共开有 6 个小孔，每个孔眼都可以穿绳。又以每个眼为中心雕刻成 6 组菱花形花纹，构图极其精巧，12 个花瓣相互借用，可以起到 24 个花瓣的效果。中心还有一个可以活动的"核"，用手轻轻一摇就可以发出动听的声音。可见这种工艺制作其难度是非常高的。

"绣球"在我国的历史悠久，民间流传广泛，是一种深受各地民族喜爱的工艺品类。其形状美观，寓意美好，有的可以摆设，有的可以随身携带，它既可以作为定情之物，表达爱意，又可以把玩。摇动时中心的"核"会发出响声。在古代，绣球是一件不可多得的艺术品。另一件是印制"寿桃"的陶范，阴刻一个大大的"寿"字，书法、雕工都是上乘之作。这两件黑陶的陶质细腻，应该是用澄泥烧制的，非常难得。

8. 摆件

在金源地区出土瓦当时往往会同时出土一些诸如"凤头"或"鹰头"，以及一些类似"鹦鹉头"的鸟形构件。因经常与瓦当同时出土，所以一般认为它们也是建筑物上的构件，诸如"脊兽"一类的东西。2004 年考古人员在发掘金上京会宁府遗址"朝日殿"时，又发现两只独立摆放的似"凤"又似"鹰"的摆件。专家认为它们应是摆放在供桌上的物品，或称为"望柱"。这两件"望柱"造型美观，似"鹰"非"鹰"，似"凤"又非"凤"，造型别致。金上京历史博物馆藏有一个摆件，形象更为奇特，头部像鸟又像羊，给人一种无限的遐想。

女真人信奉萨满教。萨满教是在原始社会的石器时代狩猎经济生活中产生的，是北方原始狩猎社会的精神产物，并在其后的游牧民族当中得到充实和发展。在萨满教神话中，萨满或是由神鹰孕化而来，或鹰是萨满的养育者，所以"鹰"被认为是萨满化身的神物象征，是萨满神圣家族中独具特色的神。萨满神帽顶上振翅起飞的鹰神，象征着萨满的神力，能够魂魄翔天，招请神灵，而鹰的飞翔能力成为其最确切的象征。以鹰的形体特征仿造的艺术作品，其初始功能不是装饰而是萨满沟通天地的工具、是人们用以辟邪和护佑的护身符，具有功利的审美价值和宗教意识。由此可见，女真人把这些"神鸟"供在桌上也是可能的。

图 1　龙纹镜

图 2　故事镜

图 3　双鱼镜

图 4　双龙镜

参 考 文 献

［1］ 马衡. 中国金石学概论. 长春：时代文艺出版社，2009.

［2］ 沈从文. 沈从文博古春秋·玻璃史话. 沈阳：万卷出版公司，2005.

［3］ 宋伯胤. 宋伯胤说陶瓷. 上海：上海古籍出版社，2003.

［4］ 孙慰祖. 封泥：发现与研究. 上海：世纪出版集团、上海书店出版社，2002.

［5］ ［清］陈介祺. 簠斋论陶. 北京：文物出版社，2004.

［6］ 白玉奇主编. 大金国第一都. 哈尔滨：黑龙江人民出版社，1997.

［7］ 庞学臣. 黑龙江省博物馆. 哈尔滨：黑龙江人民出版社，2013.

［8］ ［元］脱脱等. 金史. 北京：中华书局标点本，1975.

［9］ 鲍海春、洪仁怀主编. 金上京文史论丛. 哈尔滨：黑龙江人民出版社，2013.

［10］ 诺布旺典. 唐卡中的法器. 北京：紫禁城出版社，2009.